**GOLDMANN
ESOTERIK**

W0180157

Buch

In der westlichen Kultur und Gesellschaft fällt den meisten Menschen der Umgang mit dem Tod besonders schwer. Die Sterbenden sind nicht fähig oder bereit loszulassen, und die Zurückgebliebenen quälen sich mit Kummer und Verlustgefühlen. Aber für Norman V. Peale bedeutet der Tod nicht das Ende. Er sieht ihn vielmehr als einen kurzen Traum, nach dem der Geist, durch die sanfte Berührung eines höheren Lichtes gekräftigt, zu einem neuen Tag erwachen wird. Der Tod ist der Schlüssel, der die Tür zu einer anderen Dimension öffnet. »Ich bin die Auferstehung und das Leben... Wer in mir lebt und an mich glaubt, der wird nicht sterben.« In dieser christlichen Botschaft sieht Peale den Trost, den er den Menschen mit seinem Buch nahebringen will. Durch sein Vertrauen auf den lebendigen Geist der Wahrheit und in gläubiger Zuversicht hilft der Autor Leid und Schmerz zu lindern.

Autor

Norman Vincent Peale, geboren 1898 in Bowersville, Greene County, Ohio, USA, gilt als »Erfinder« und Begründer der Lehre von der Kraft des positiven Denkens (neben Dr. Joseph Murphy). Fußend auf den Lehren eines Ralph Waldo Emmerson, verhalfen seine Bücher Millionen von Menschen zu einem glücklicheren und erfüllteren Leben.

Dr. Peale ist Theologe und noch heute – trotz seinen hohen Alters – als Seelsorger in New York tätig. Peales Bücher wurden in über zwanzig Sprachen übersetzt und sind in einer Gesamtauflage von wohl mehr als 10 Millionen auf der ganzen Welt verbreitet. In »Heute fängt Dein Leben an« zeigt Peale die Kraft des positiven Denkens, indem er für jeden Tag eine Losung des Positiven findet. In der praktischen Umsetzung positiver Vorstellungskraft erlebt der Mensch eine spirituelle Bereicherung und den Durchbruch zu einem neuen Glauben an sich und das Christentum.

Von Norman Vincent Peale bei Goldmann erschienen:

»Heute fängt Dein Leben an« (11815)
»Leben kann Freude sein« (11823)

Inhaltsverzeichnis

Ein Wort an den Leser 7

Ein Hinweis zum Gebrauch dieses Buches . . . 9

Trost im Leid 11

Das Leben siegt 15

Dein Verhalten darf nicht der Verbündete deines
Kummers sein 21

Wenn das Leid in dein Leben tritt 29

Wenn das Leid in das Leben anderer tritt . . 43

Wenn ein Kind stirbt 51

Wenn der Tod durch einen Unfall kommt . . 57

Wenn sich jemand das Leben nimmt 63

Der Blick über das Tal 69

Zeugnisse vom ewigen Leben 77

Die Stimme der Weisheit 83

Die Antwort heißt Glaube 91

Ich sehe dich morgen 99

Zuversicht aus der Bibel 103

Trost bei Dichtern und Denkern 127

Immer und überall sehnt sich jemand nach der Berührung einer verschwundenen Hand, nach dem Klang einer Stimme, die wir nicht mehr vernehmen. Alle Menschen werden immer wieder vom Mysterium des Todes betroffen, und in vielen Familien gibt es, um einen alten Ausdruck zu gebrauchen, einen „leeren Stuhl".

Das ist der Lauf des Lebens. Die lange Prozession der Menschheit zieht in die stillen Todeshallen, und dort herrschen Traurigkeit und Tränen. Dort gibt es aber auch eine Botschaft der Hoffnung, der Liebe und der Unsterblichkeit —, denn Gott, der Vater, versteht und nimmt Anteil.

Durch seine Botschaft wissen wir, daß das Ende nicht der Tod, sondern das ewige Leben ist. Wie Christus starb und von den Toten auferstand, um wieder und ewig zu leben, so werden auch wir durch den Glauben an Ihn sterben, um ewig zu leben.

Von allen auf dieser Welt je gesprochenen Worten sind die bedeutungsvollsten wohl die: „Ich bin die Auferstehung und das Leben ... Wer in mir lebt und an mich glaubt, der wird nicht sterben."

An diese Worte glaube ich ohne jeden Zweifel, und diese Verheißung soll mein Buch allen Trauernden überbringen.

Im Forest Lawn Memorial Park in Los Angeles steht ein vom Bildhauer Ernesto Gazzeri aus leuchtend weißem Marmor geschaffenes Denkmal: Das Mysterium des Lebens. Die Gruppe besteht aus Kindern, jungen Leuten und Liebenden, Erwachsenen und Greisen, dem Zyniker und dem in Gedanken versunkenen Philosophen, und sie alle blicken auf einen kristallklaren Wasserstrahl. Woher kommt dieser Strahl und was bedeutet er? Wenn wir unseren Blick nach oben und durch die Bäume richten, dann sehen wir in einiger Entfernung die edle Gestalt Christi, von dessen Füßen der Strom des Lebens fließt. Er ist der Anfang und das Ende, Alpha und Omega, der Weg, die Wahrheit und das Leben.

Ich widme dieses Buch eurem Leid, damit wieder Friede und Ruhe in eure Herzen einziehen möge. Es soll in euch den Glauben festigen, der aus den altvertrauten Worten spricht: „In meines Vaters Haus sind viele Wohnungen" und „Ich werde einen Platz für dich bereithalten ... denn wo ich bin, da wirst auch du sein."

Gott sei mit euch; Gott behüte euch; Gott tröste euch und gebe euch Frieden.

Norman Vincent Peale

Man lese das Buch erst einmal ganz durch und merke sich dabei diejenigen Stellen, die einem besonders wesentlich erscheinen. Diese Stellen nehme man zur Vertiefung und zur Einkehr von Zeit zu Zeit wieder vor.

Während des Lesens blättere man gelegentlich im Anhang des Buches. Die inspirierten Verfasser dieser Texte haben alle auch in dieser Welt gelebt, und auch sie erlebten das Leid, das keinem von uns erspart bleibt. Ihre Worte können uns trösten wie ein Freund.

Dieses Buch soll nicht nur einmal gelesen und dann weggelegt werden, sondern es soll eine immerwährende Quelle des Trostes im Leid sein. Man halte es daher stets bereit als Stütze in schweren Stunden.

Das Buch soll uns aber auch helfen, Freunde zu trösten, wenn sie vom Leid betroffen werden. Und wenn wir es ihnen in der Hoffnung geben, daß es sie ebenso trösten möge, wie es uns getröstet hat, dann hilft es uns von neuem, weil wir anderen helfen können.

Trost im Leid

Das erschütterndste Geschehnis, das die menschliche Seele befallen kann, ist der Tod eines geliebten Menschen. Der Verlust erscheint so absolut und endgültig, daß man glaubt, ihn nicht ertragen zu können.

Keine Worte und keine Theorien können über den plötzlichen und erschütternden Schmerz hinweghelfen. Und doch gibt es Wege, den ersten grausamen Hieb des Leids zu parieren, Mittel, dem Leid gegenüberzutreten und es mit Kraft durchzustehen.

Der vom Verlust betroffene Mensch braucht Trost, Mut und Hoffnung; er braucht Liebe. Eine der Quellen hierfür übertrifft alle übrigen. Diese Quelle ist der religiöse Glaube, der Glaube an die unendliche Liebe Gottes, der nichts untragbar für uns werden läßt — auch nicht den Tod, der Glaube an Gottes Verheißungen des ewigen Lebens.

Ich erinnere mich, wie ich einmal bei der großen protestantischen Kathedrale in Kopenhagen vor der turmhohen Gestalt Christi, umgeben von den zwölf Aposteln, stand. Es ist das Werk Thorvaldsens, des berühmten dänischen Bildhauers, der vor mehr als einem Jahrhundert gelebt hat. Man erzählte mir, daß Thorvaldsen ein begabter Bildhauer, aber kein besonders religiöser Mensch gewesen sei. Als der damalige König von Dänemark ihn bat, eine Christus-Statue zu schaffen, habe er zuerst an eine gebieterische, heroische Gestalt gedacht, die mit erhobenem Haupt und erhobenen Armen Strenge und Vertrauen ausstrahlen sollte.

Er schuf zuerst ein Modell aus Ton. Nach dessen Vollendung mußte Thorvaldsen für einige Tage verreisen.

Während seiner Abwesenheit fanden Feuchtigkeit und Nebel vom Meer her den Weg in sein Atelier. Als der Bildhauer zurückkehrte, fand er zu seinem Erstaunen die Statue Christi sehr verändert. Die ursprünglich emporgereckten Arme hingen seitlich herab, das Haupt war gebeugt, und die Schultern waren eingesunken, wie wenn sie das Gewicht der ganzen Welt tragen müßten. Einen Augenblick glaubte Thorvaldsen, sein Werk sei ruiniert. Dann aber sah er, daß die Wirkung nun weit kräftiger und zwingender war als alles, was er geplant und geträumt hatte. Er ergriff einen Stichel und gravierte in den Sockel der Statue die drei Worte: „Komme zu mir". So war die großartige Statue „Christus der Tröster" geschaffen, und so steht sie in Kopenhagen bis auf den heutigen Tag.

Warum erzähle ich diese Geschichte? Sie widerspiegelt meine Überzeugung, daß lebendige Religion die endgültige Antwort erteilt auf den Kummer und das Leid, das diejenigen befällt, die einen geliebten Menschen verloren haben. Sie eröffnet eine neue unerschütterliche Gewißheit; und der Grundpfeiler dieser Gewißheit ist Glaube — Vertrauen — in die persönliche Unsterblichkeit. Ohne diese Überzeugung kann der Tod etwas Grauenvolles und Furchterregendes sein. Mit dieser Überzeugung kann er als ein natürlicher Teil des ganzen Lebensprozesses angesehen und mit Ruhe und Sicherheit angegenommen werden.

Das Leben siegt

Was Christus lehrt, ist Leben; es ist Hoffnung im Gegensatz zur Verzweiflung, Sieg im Gegensatz zur Niederlage. Es ist die strahlendste, ursprünglichste, dynamischste Kraft in der ganzen Menschheitsgeschichte.

Ich habe an diese Lebensbotschaft immer geglaubt, seit ich ein kleiner Knabe war. Vor vielen Jahren stand ich auf einem kleinen Landfriedhof in Ohio an der Seite meines Vaters, als der Leichnam seiner Mutter — meiner Großmutter — ins Grab hinabgelassen wurde. Mein Vater und ich waren beide sehr traurig. Ein alter Landpfarrer hielt die Abdankung, und ich erinnere mich noch gut an den altmodischen Rock, den er trug, und an den friedvollen Blick in seinem zerfurchten Gesicht. Er wiederholte die Worte: „Ich bin die Auferstehung und das Leben. Wer an mich glaubt, der wird leben, ob er gleich stürbe." Ich war nur ein Knabe, aber plötzlich füllten sich meine Augen mit Tränen und mein Herz mit einer nie vorher gekannten Wärme. Es war einer jener tiefen geistigen Augenblicke, in denen die menschliche Seele von Gewißheit erfüllt wird, ohne Erklärung, ohne sichtbaren Beweis. Ich wußte, daß die Worte, die ich gehört hatte, buchstäblich und unumstößlich wahr sind.

In späteren Jahren kam dieselbe glühende Überzeugung noch zweimal über mich. Einmal, an einem Sonntagmorgen im Frühling, saß ich in einem Garten in Jerusalem in Gesellschaft von Leuten, die sich aus allen Teilen der Welt zusammengefunden hatten. Ich erinnere mich, wie ein milder Wind die staubigen Blätter der Olivenbäume bewegte und wie der Duft der Blumen die Luft erfüllte. Uns umgaben Stille und die Schönheit des Sonnenaufgangs. Über uns erhob sich der Ölberg; vor uns war ein offenes Grabmal, in welches die ersten Sonnenstrahlen fielen und die Schatten verjagten. Bei der Türe des Grabmals lag ein großer, kreisförmiger Stein, wie ein Mühlstein, der in ein roh gemeißeltes Loch paßte. Er war vom Eingang weggerollt worden.

Die Predigt hielt an jenem Tag ein amerikanischer Kaplan. Wie die meisten Predigten, die ich als Junge gehört hatte, war auch diese aus der Bibel und aus dem Leben selbst geschöpft. Der Kaplan zeigte auf das offene Grabmal und sagte: „Sie brachten Ihn hierher und dachten, es wäre das Ende. Aber nicht einmal der Tod konnte Ihn halten."

Und da spürte ich wieder diese absolute Gewißheit, daß dieses Leben nur ein Anfang ist und daß Tennyson recht hat, wenn er sagte, dies sei die matte Seite des Todes und uns erwarte auf der anderen Seite unvorstellbarer Glanz.

Das dritte Erlebnis ähnlicher Art hatte ich ebenfalls im Heiligen Land, beim ersten meiner Besuche dort. Eines Tages, auf dem Weg nach Jerusalem mit meiner Familie, kamen wir um eine Straßenbiegung, und vor uns lag die kleine Stadt Bethanien. Sie ist in einen Abhang des Ölbergs eingebettet, genauso wie ich sie in biblischen Geschichtsbüchern immer abgebildet gesehen hatte. Das war die Heimat der Freunde Jesu, Maria, Martha und Lazarus. Und hier ist noch immer das Grab, in dem Lazarus lag, bevor Jesus ihn von den Toten auferweckte.

Wir stiegen alle in dieses Grab hinunter, zweiundzwanzig Stufen, die uns zu einer kleinen, aus dem massiven Fels herausgehauenen Kammer führten. Wie ich ans Tageslicht zurückkam, erinnerte ich mich an das bedeutungsvolle Versprechen, das einst an eben dieser Stelle abgegeben worden war. Ich hörte die Stimme meiner Frau, die leise aus ihrer Bibel las: „Ich bin die Auferstehung und das Leben..." Ich sah die ernsten Blicke auf den Gesichtern meiner Kinder, und wieder floß dieselbe tiefe Überzeugung, die ich als kleiner Knabe am Grabe meiner Großmutter gefühlt hatte, in mein Herz. Und ich sagte zu meinem Sohn und meinen Töchtern: „Dies ist ohne Zweifel die wichtigste Aussage, die in der ganzen Menschheitsgeschichte je gemacht worden ist, denn sie bedeutet, daß das Leben hier auf der Erde nicht das Ende, sondern erst der Anfang ist."

Beim letzten Abendmahl sprach Jesus zu seinen Jüngern: „Weil ich lebe, werdet auch ihr leben." Dann behob er alle Zweifel, indem er am Kreuz starb und, wie er vorausgesagt hatte, nach drei Tagen auferstand. Damit schuf er die Grundlage des christlichen Glaubens: Es gibt ein Leben über den Tod hinaus. Wir sind dazu bestimmt, als geistige Wesen in einer geistigen Welt auf der anderen Seite des Todes weiterzuleben.

Das ist die zentrale Botschaft dessen, was ich hier zu sagen habe, und ich werde immer und immer wieder dahin zurückkehren. Aber es gibt noch viele andere Gesichtspunkte zur tiefen und schwierigen Frage des Verlassenwerdens.

Gibt es andere gültige Argumente für die Unsterblichkeit als religiöse? Gewiß!

Gibt es ganz bestimmte Dinge, die wir tun können, um uns selber oder andere im Leid zu trösten? Es gibt sie!

Gibt es stärkende Gedanken und Überzeugungen, an die wir uns halten können, wenn der Tod auf grausame Art in unser Leben tritt — wenn ein geliebtes Kind stirbt, wenn jemand, der uns nahe steht, in einem Unfall ums Leben kommt, wenn jemand Selbstmord begeht? Jawohl, es gibt sie!

Gibt es bestimmte Gedanken und Überlegungen, die wir vermeiden müssen, wenn wir das Leid, das der Tod uns zufügt, tapfer und erfolgreich bekämpfen wollen? Ich glaube, es gibt sie.

Diese letzte Frage wollen wir zuerst betrachten.

Dein Verhalten darf nicht
der Verbündete deines Kummers sein

Eine althergebrachte Vorstellung, die wir ablegen können und müssen, ist die Vorstellung des Todes als grausamer Schnitter, der heimlich und hinterrücks die Menschen mit seiner Sense anschleicht. Ich gebe zu, es ist eine sehr alte und beliebte Anschauung; sogar Shakespeare sieht den Tod als furchtgebietenden Wachtmeister, der „bei seinen Verhaftungen kein Erbarmen kennt".

Ich bin aber überzeugt, daß diese Vorstellung falsch ist. Der Dahingegangene ist uns nicht gewaltsam entrissen worden, obwohl es den Hinterbliebenen manchmal so scheinen mag.

Wir leben in einer Welt so voller Schönheit, daß sie nur ein überragender Geist mit einem überragenden Schönheitssinn planen und erschaffen konnte. Würde ein Schöpfer, der uns von sich aus so viel gegeben hat, plötzlich ein Ende vorsehen, das furchterregend und beängstigend wäre? Das glaube ich nicht. Es wäre nicht logisch —, und Gott ist immer logisch.

Ein anderer weit verbreiteter Irrtum bringt die Menschen dazu, sich auf den leblosen Körper des Dahingegangenen zu konzentrieren, statt auf die befreite Seele. Oft hören wir Bemerkungen wie: „Wir gaben ihm das letzte Geleit zu seiner Beerdigung." Das stimmt nicht. Was wir beerdigten, war ein abgelegter Mantel oder, um ein anderes Bild zu benutzen, ein Körper genannter Mechanismus, den der Dahingegangene nun nicht mehr benötigt. Dieser Körper beherbergte einst die Seele und soll daher mit Ehrfurcht und Verehrung behandelt werden. Aber die Person selbst, das wirkliche Wesen, die eingeschlossene Herrlichkeit hat den Körper verlassen, genauso wie der Besitzer eines Rockes gegangen ist, wenn wir seine Kleider an einer Garderobe hängen oder auf einem Stuhl liegen sehen.

Nie kann unser Körper als unser wahres Ich angesehen werden. Vielleicht begegne ich dir auf der Straße; vielleicht geben wir uns die Hand und wechseln ein paar Worte. Aber habe ich dabei wirklich dich gesehen? Hast du mein wirkliches Ich berührt? Natürlich nicht. Denn unser tatsächliches Ich ist immer ein geistiges Wesen. Wir bewohnen unseren Körper lediglich für einige Jahre, die wir auf Erden zubringen, dann verlassen wir ihn.

Es ist sicher schwer, die Persönlichkeit eines geliebten Menschen von dem Gehäuse zu trennen, das er so lange bewohnte. Aber es muß sein. Sonst wird uns eine furchtsame, abergläubische Stimme in uns immer wieder zuflüstern, daß der Dahingegangene uns nicht wirklich verlassen hat, sondern in der Stille, Kälte und Einsamkeit seines Grabes leiden muß. Wenn wir dieser falschen Stimme lauschen, dann kann uns das Leid überwältigen.

Als meine Mutter in einer kleinen Stadt im Staate New York starb, nahmen wir ihren Leichnam nach Lynchburg, unserer Vaterstadt, um ihn dort zu begraben. Auf einem Bahnhof mußten wir spät nachts den Zug wechseln. Ich erinnere mich, wie ich auf dem Bahnsteig auf und ab ging und dabei auf einem Gepäckwagen die dunkle, rechteckige Kiste sah, die meiner Mutter Sarg enthielt. Ich ging hin, und im matten Licht der Bahnsteiglampen konnte ich sehen, daß auf der Etikette die Worte standen: „Sterbliche Reste der Anna Peale."

Zugegeben, das Wort „Sterbliche Reste" tönt hart und endgültig. Aber ich mußte mir sagen, daß es genau das bedeutet, was es ausdrückt. Meine Mutter war nicht in dieser Kiste; darin war nur das, was meine Mutter jetzt nicht mehr brauchte. Und später, auf dem kleinen Friedhof, als ich neben ihrem Grab stand, vertiefte sich diese Überzeugung zur absoluten Gewißheit.

Meine Mutter war nicht dort im Grab. Sie war frei; frei, im Geiste bei mir zu sein; frei, meine Brüder zu trösten und zu stärken, die sie ebensosehr vermißten wie ich; frei, auf meinen Vater zu warten, der sie eines Tages wieder treffen würde. Und das Bibelwort kam mir in den Sinn: „Warum sucht ihr den Lebenden bei den Toten?"

Nein, meine Mutter ist nicht in jenem Grab. Ich weiß so gewiß, wie ich diese Worte schreibe, daß ich sie eines Tages wieder sehen werde. Ich verließ den Friedhof mit der Gewißheit, daß wir unsere Mutter nicht dort gelassen hatten, sondern daß sie immer bei uns sein wird.

Ein anderer Fehler, den Menschen im Leid oft machen, ist zu glauben, der Dahingegangene habe mehr verloren als gewonnen.

Es ist wahr, er hat die körperliche Teilnahme am irdischen Leben verloren, und das irdische Leben ist etwas Herrliches. Aber warum sollen wir nicht glauben, daß das nächste Leben noch weit herrlicher ist? Die Bibel verheißt uns doch durch Paulus: „Kein Auge hat je gesehen und kein Ohr hat je gehört und keinem Menschen ist je ins Herz emporgestiegen, was alles Gott denen bereitet hat, die ihn lieben." Und in den Offenbarungen steht: „Sie werden nicht mehr hungern und werden nicht mehr dürsten ... und Gott wird alle Tränen abwischen von ihren Augen."

Ich erinnere mich an eine Geschichte über Cecil B. de Mille, den berühmten Film-Produzenten, die vor einigen Jahren im Magazin „Guideposts" erschienen ist. De Mille liebte es, wenn er ein Problem zu überdenken hatte, sich in die Einsamkeit zurückzuziehen. Eines Tages fuhr er in einem Boot auf einen See im Staate Maine hinaus und ließ sich ziellos dahintreiben, während er sein Problem überdachte.

Das Boot trieb an Land und legte an einer Stelle an, wo das Wasser nur wenige Zentimeter tief war. De Mille schaute hinab und sah, daß der Grund mit Wasserkäfern übersät war. Einer von ihnen kam an die Oberfläche und kroch langsam an der Seitenwand des Bootes hoch. Als er den Bootsrand erreicht hatte, starb er.

De Milles Gedanken kehrten zu seinem Problem zurück. Nach einer Weile blickte er zufällig wieder auf den Käfer. In der heißen Sonne war sein Panzer trocken und brüchig geworden. Aber plötzlich sprang der Panzer auf, und langsam kam eine Libelle zum Vorschein. Sie erhob sich in die Luft, und ihre schillernden Farben funkelten im Sonnenlicht.

Diese beflügelte Kreatur flog in einem Augenblick weiter, als der Käfer in Tagen hätte kriechen können. Die Libelle wandte sich wieder der Wasseroberfläche zu; de Mille sah ihren Schatten auf dem Wasser. Sehr warscheinlich sahen die Wasserkäfer in der Tiefe die Libelle auch, aber jetzt lebte ihr einstiger Gefährte in einer Welt, die ihr Begriffs-vermögen überstieg. Sie lebten immer noch ihre bescheidene Existenz, während ihre beflügelte Verwandte alle Freiheit zwischen Himmel und Erde genoß.

Später, als de Mille sein Erlebnis erzählte, schloß er mit der eindringlichen Frage: „Wird der Schöpfer des Universums das, was er für einen Wasserkäfer tut, für einen Menschen nicht tun?"

De Mille glaubte es nicht — und auch ich glaube es nicht.

Wenn das Leid in dein Leben tritt

Viele Menschen glauben, daß sich nichts gegen das Leid tun lasse, das uns befällt, wenn der Tod einen geliebten Menschen hinwegführt, und man müsse dieses Leid einfach ertragen, unbeweglich und passiv. Das ist ein Irrtum. Wohl kann niemand die Tatsache des Todes negieren, aber wir dürfen nicht einfach vor uns hinbrüten oder uns vom Leid überwältigen lassen. Es gibt so manches, das wir tun können, um den erlittenen Schock zu mildern.

Immer wenn wir ein erhofftes Ziel erreichen wollen, setzt dies die systematische Anwendung einiger Grundprinzipien voraus, und das Ziel, unser Leid zu überwinden, bildet keine Ausnahme. Die ersten drei Empfehlungen haben mit der Seelenverfassung zu tun, die fünf folgenden sind praktische Ratschläge.

1. Nimm den erlittenen Schock an

Der Verlust eines geliebten Menschen wird oft als Schlag bezeichnet. Genau das ist er; ein seelischer Schlag, der die Seele genauso trifft, wie ein Schlag auf den Kopf den Körper trifft. Für eine Weile wirst du betäubt sein; keine deiner Reaktionen wird sein wie sonst. In gewissem Sinne ist diese Betäubung eine Gnade, weil sie den seelischen Schmerz abtötet.

Aber trotzdem darf niemand, der einen geliebten Menschen verloren hat, erwarten, derselbe wie immer zu sein. Es ist im Gegenteil völlig natürlich, daß er vorübergehend anders als sonst und vielleicht in seinen Handlungen auch unberechenbar ist.

2. Gib dich nicht deinem Kummer und dem Gefühl des Verlustes hin; versuche, jeden Tag eine gewisse Zeit für die innere Sammlung freizuhalten

Es gibt im Leben Unvermeidlichkeiten, und der Tod ist eine von ihnen. Er kommt früher oder später zu jedem von uns. Wir müssen ihn annehmen, und dieses für alle Menschen geltende Annehmenmüssen ist an sich schon tröstlich.

Werde dir bewußt, daß jedes Leben von der Wiege bis zum Grabe aus vielen Abschnitten besteht und daß jeder einen Beitrag zur Vervollkommnung unserer Persönlichkeit leistet. Leid, das wir erdulden müssen, ist auch einer dieser Abschnitte, und zwar ein wesentlicher. Das Leid zeigt uns aber andererseits auch, wie strahlend die Freude leuchten kann. Denke daran, daß die Art, wie du das Leid annimmst, dein ganzes weiteres Leben gut oder ungut beeinflussen kann. Du kannst aus einem Leid gestärkt und reifer hervorgehen, so wie es der von dir gegangene Mensch für dich erhofft und wie er dich zu sehen wünscht, oder verwirrt, schwach und verbittert. Du hast die Wahl.

3. Du kannst ein Unglück in eine geistige Kraft verwandeln, wenn du ihm mit Mut und Zuversicht begegnest

E. Stanley Jones, der berühmte amerikanische Missionar, erzählte einmal von einem bemerkenswerten Anblick, dessen Zeuge er in einem abgelegenen Gebirgsort in Indiana geworden war. An einem späten Nachmittag zog ein Sturm auf. Ein Wind von enormer Stärke begann zu blasen, und alle kleinen Vögel in der Umgebung suchten irgendwo Deckung. Sie krochen unter heruntergefallene Äste oder vergruben sich in schützendem Gras. Da plötzlich sah Jones einen Adler auf einen Baum fliegen. Dort saß er, bot dem Sturm die Stirn und hob leicht seine Flügel. Als der Wind wieder aufheulte, hoben die abgewinkelten Flügel den Adler ohne jede Anstrengung hoch gegen den Himmel. Während sich die kleinen Vögel vor dem Sturm duckten und versteckten, schwang sich der Adler in die Wolken und erhob sich über den Sturm.

So sollst auch du dich nicht vor deinem Leid verstecken oder vor ihm davonrennen. Trete ihm mit all deinem Mut entgegen, und die Kraft des Vertrauens wird dich über das Leid erheben, wie der Sturm den Adler erhoben hatte.

Diese Einstellung und diese Geisteshaltung kommen nicht von selbst; um sie zu erlangen, braucht es bewußte Anstrengung.

4. Erprobe die Kraft des Gebetes

Der erste und wichtigste Schritt, dem Leid entgegenzutreten, besteht darin, Gott um die Kraft zu bitten, deinen Schmerz zu ertragen. Das wirksamste Mittel gegen den Gram ist der Glaube, daß Gott dein verwundetes Herz mit seinem heilsamen Trost aufrichten kann und wird. Unter den für dich bitteren Umständen mag es dich hart ankommen zu beten. Aber gerade jetzt sollst du all dein Elend vor Gott darlegen, wie ein verletztes Kind sich bei seinen irdischen Eltern ausweinen würde.

Kürzlich bekam ich einen Brief von einem Mann, dessen Tochter ihr kleines Kind verloren hatte. Sie trug den Schlag so tapfer und gefaßt, daß er ihr bei seinem Besuch sagte, welche Beruhigung für ihn ihre große Seelenstärke sei. Nach seiner Rückkehr erhielt er von ihr folgenden Brief:

Lieber Vater!

Ich habe über das nachgedacht, was du mir sagtest, als du das letzte Mal hier warst. Du sagtest, ich sei der ausgeglichenste Mensch, den Du je kennengelernt habest. Es war ein großes Kompliment und es machte mich sehr glücklich. Aber um der Ehrlichkeit willen muß ich Dir sagen, daß diese Ausgeglichenheit seit dem Verlust unseres Sohnes nicht mein Verdienst ist. Denn ohne die Gegenwart Gottes hätte ich nie so tapfer sein können.

Alles war Sein Werk. Das einzige, was ich getan habe, war, daß ich mich buchstäblich vor Seine Füße geworfen habe, in gänzlicher und äußerster Verzweiflung. Und das war Schwäche meinerseits und nicht Stärke. Dann begannen Seine Liebe und Seine Kraft in mein erbärmliches Selbst zu strömen, und ich konnte die Schönheit und den Sinn des Lebens wieder sehen. Ohne die Hilfe Gottes wäre ich immer noch verzweifelt und in Tränen aufgelöst. Du siehst also, daß nicht ich selbst mich wieder aufgerichtet habe, sondern daß Gott es getan hat.

Ich mußte Dir dies sagen, weil Du mich mit einem Verdienst ausgezeichnet hast, das Ihm gebührt. Aber ich danke Dir doch für Dein Kompliment, denn es gab mir Gelegenheit, Dir zu sagen, wem ich es verdanke, innere Ruhe gefunden zu haben.

In Liebe Deine Tochter
Elanie

Was soll mein einem solchen Brief beifügen? Er spricht für sich selbst, schön und einfach, und die Wahrheit leuchtet daraus wie ein ewiges Licht.

5. Lies immer wieder in der Heiligen Schrift, denn sie ist voller Trost, Kraft und Verstehen

Vor kurzem besuchte mich ein Mann. Er hatte eben seinen Sohn verloren, und das Leid schnürte ihm die Kehle dermaßen zu, daß er kaum sprechen konnte. „Die Leute sagen, es sei Gottes Wille gewesen", brachte er hervor. „Sie sagen, ich müsse mich darein ergeben. Aber das hilft mir nicht. Kann mir überhaupt etwas helfen?"

„Ich will Ihnen sagen, was einem Menschen in Ihrer Lage geholfen hat", antwortete ich und erzählte ihm von einer Frau, die ihre Tochter unerwartet und auf tragische Weise verloren hatte. Die junge Frau war bei einem Sturz vom Pferd ums Leben gekommen. Sie brach das Genick und lebte nur noch wenige Minuten, ehe sie starb. Als die Mutter erfuhr, daß ihre Tochter tot sei, verließ sie das Spital und fuhr ziellos aus der Stadt. Spät in der Nacht bat sie in einem Landgasthof um ein Zimmer. Auf dem Tisch lag eine Bibel. Etwas veranlaßte die Frau, sie wahllos aufzuschlagen, gerade am Anfang der Psalmen.

Sie las den ersten Psalm: „Wohl dem Manne, der nicht wandelt im Rate der Gottlosen, noch tritt auf den Weg der Sünder, noch sitzt im Kreise der Spötter, sondern seine

Lust hat am Gesetz des Herrn und über sein Gesetz sinnt Tag und Nacht. Der ist wie ein Baum, gepflanzt an Wasserbächen ..." Und sie las weiter: „Der Herr ist mein Hirte, mir wird nichts mangeln. Auf grünen Auen läßt er mich lagern, zur Ruhstatt am Wasser führt er mich."

Der Ofen im Zimmer des alten Gasthauses erlosch, es wurde kalt. Da nahm die Frau die Wolldecke vom Bett, um sich gegen die Kälte zu schützen, und fasziniert las sie weiter, von einem wunderbaren Gefühl des Friedens ergriffen: „Uns trägt der Gott, der unsre Hilfe ist ... Denn seine Engel wird er für dich entbieten, dich zu behüten auf all deinen Wegen."

Später erzählte sie mir: „Das Lesen der Psalmen brachte mir Hilfe. Ich fand darin alles, was das Leben ausmacht; Freude und Trauer, Glück und Herzeleid. Ich fand gründliche und überzeugende Antwort. Mein Herz wurde getröstet. Als ich mit Lesen begann, wollte ich sterben; als ich aufhörte, wollte ich leben."

Das kann die Heilige Schrift für einen vom Leid geprüften Menschen tun. Aber wir müssen viel und oft darin lesen, um so weit zu kommen. Ein oder zwei Verse, ein oder zwei Kapitel genügen nicht.

Es verhält sich gleich wie bei einer guten Medizin, die der Arzt verschreibt: Zu Beginn der Behandlung braucht es eine starke Dosis. Und die Bibel ist in diesem Fall nichts anderes als eine seelische Medizin, und der Grund, weshalb die Menschen seit Jahrhunderten immer wieder darauf zurückkommen, ist der gleiche, weshalb man immer wieder auf eine bewährte Medizin zurückgreift. Sie hilft. Sie heilt verwundete Seelen und Herzen.

6. Laß deinem Schmerz freien Lauf

Kurz: weine! Ein ehrlicher Gefühlsausbruch hat nichts mit Schwäche zu tun, und die alte Redensart „seinen Gefühlen Luft machen" ist absolut sinnvoll. Denn diese Art der Erleichterung ist das uns von der Natur gegebene Sicherheitsventil. Wenn wir unseren Kummer allzusehr unterdrücken, dann können daraus ernsthafte seelische Schäden entstehen.

Ich will nicht einer ostentativen öffentlichen Schaustellung des Leids das Wort reden; eine gewisse Selbstbeherrschung muß sein. Aber allein zu Hause oder im Kreise der Familie oder von Freunden ist es oft besser, seinen Kummer sichtbar abfließen zu lassen, ehe er in uns erstarren kann. Ein sehr weiser Mann sagte einmal, eine Träne sei der Anfang der Auflösung allen Leids. Selbst Jesus weinte, als er den Tod seines Freundes Lazarus vernahm. Wir sollten uns nicht schämen, es ihm gleichzutun.

7. Lebe weiter wie bisher

Manche Menschen glauben, dies nicht zu können. Sie scheinen sogar der Ansicht zu sein, es lasse auf Mangel an Ehrerbietung und Zuneigung dem Dahingeschiedenen gegenüber schließen. Solches Denken ist oberflächlich — es ist ein falscher Standpunkt. Denn der Dahingegangene will doch bestimmt, daß seine Lieben, die auf der Erde zurückgeblieben sind, die Fackel des Lebens weitertragen. Er will nicht das Gefühl haben, Anlaß zur Herabsetzung ihrer Lebensfreude gegeben zu haben.

Denke daran, daß der Verstorbene dich liebte und immer noch liebt und daher dein Bestes will. Ich bin sogar überzeugt, daß es den ins geistige Leben Eingegangenen quält und stört, wenn die Zurückgelassenen über Gebühr leiden. Nach seinem Tode kam mein Vater, der das Leben über alles liebte und sich dem Tod widersetzte — vielleicht fürchtete er ihn sogar —, im Traum zu meiner Stiefmutter und sagte ihr: „Fürchte dich nie vor dem Sterben. Sterben ist nicht schlimm!"

Er schien voller Freude und mit einem gewissen Erstaunen zu sprechen, wie jemand, der eine große Entdeckung gemacht hat. Handelte es sich dabei wohl um einen gewöhnlichen Traum? Ich glaube nicht. Ich glaube vielmehr, daß meinem Vater erlaubt wurde, einem Menschen, den er liebte, diese Beruhigung zu bringen. Und er sprach dabei genau in der Art, wie wir es von ihm gewohnt waren. Es war ein großer Trost für mich, daß er uns diese Botschaft überbrachte.

Wenn wir weiterfahren, unsere täglichen Pflichten zu erfüllen, so kann das für uns ein starker Quell der Kraft und des Trostes sein.

Während des Zweiten Weltkrieges kam ein junger Pilot der Royal Air Force bei einem Angriff ums Leben. In einem seiner letzten Briefe an seinen Vater schrieb er: „Du hast Deine Arbeit, und wenn mir etwas zustoßen sollte, dann mußt Du damit weiterfahren, ohne einen Tag zu verlieren. Das wird Dich aufrechterhalten, und wenn

Du Dich nicht unterkriegen läßt, dann wird das Mama mehr helfen als alles, was Du sonst für sie tun könntest." Prophetische Worte — Worte von tiefer Wahrheit, wie der geprüfte Vater später erfahren sollte.

Manche Leute schrecken davor zurück, sich an die Stätten zu begeben, die sie an ihre lieben Verstorbenen erinnern; andere schrecken davor zurück, Dinge zu tun, die sie einst gemeinsam taten. Das ist verständlich, denn es verstärkt die Empfindung des körperlichen Verlustes. Und doch sollten wir daran denken, daß der geliebte Mensch nicht nur immer noch bei uns ist, in geistigem Sinne, sondern daß er so sehr und ständig bei uns ist, wie es zu seinen Lebzeiten gar nicht möglich war.

Als meine Frau Ruth mit telefonierte, um mir zu sagen, daß meine Mutter gestorben sei, sagte sie mir: „Ich weiß, Norman, es wird Dir schwer fallen zu glauben, daß Deine Mutter von nun an viel näher bei Dir sein wird als je zuvor. In der Vergangenheit mußtest Du immer Flug- oder Eisenbahnreisen unternehmen, um ein paar Tage oder gar nur Stunden mit ihr zusammen zu sein. Nun kann sie immer bei Dir sein." Das war wahr — und sobald ich fähig war, diese Wahrheit wirklich zu erfassen, nahmen mein Leid und das Gefühl, einen Verlust erlitten zu haben, gewaltig ab.

Hin und wieder begegnet man jemandem mit einer fast krankhaften Neigung, sich an die Vergangenheit zu klammern. Eines Tages, vor einem Rotary-Club-Treffen in einem New Yorker Hotel, sah ich die Witwe eines Freundes und Mit-Rotariers ganz verloren in der Hotelhalle

39

sitzen. Ich fragte sie, was sie dort tue. „Ach", antwortete sie mir traurig, „ich komme jede Woche am Rotary-Tag hierher und sitze hier, weil Fred an diesem Tag immer hier war."

„Gut", sagte ich, „warten Sie bitte auf mich bis nach der Zusammenkunft, ich möchte Ihnen etwas sagen!"

Nach dem Essen nahm ich sie beim Arm und führte sie zu einem Taxi.

„Wohin gehen wir?" fragte sie.

„Wir gehen zu meiner Kirche. Dort sind Frauen, die Briefumschläge adressieren, mit Arbeit überlastet. Sie brauchen Hilfe, und Sie werden ihnen helfen. Fred möchte Sie viel lieber etwas Nützliches tun sehen, als in einer Hotelhalle sitzen und sich selbst betrauern! Und das Beste ist, Sie beginnen gleich, in Freds Sinn zu handeln."

Sie folgte mir willig, und später erzählte sie mir, daß ihr das Gefühl, gebraucht zu werden und mit anderen zusammen etwas Nützliches zu tun, mehr über ihr Leid hinweggeholfen habe als alles andere.

Das war ganz natürlich. Unsere Gedanken können sich zur gleichen Zeit nur mit einer Sache beschäftigen. Wenn wir daher arbeiten und tätig sind, wenn unsere Aufmerksamkeit nach außen konzentriert ist, dann ist in unserem Denken weniger Raum für inneren Kummer. Und dort, in unserem Denken, nistet sich das Leid ja ein, wenn wir ihm Raum geben. Es hat mit Treulosigkeit nichts zu tun, wenn wir versuchen, unser Leid zu mindern. Der von uns gegangene Mensch wäre der erste, der uns dazu auffordern würde.

8. Mitmenschen bei der Überwindung ihrer Sorgen zu helfen ist der beste Weg, die eigenen Sorgen zu vergessen

Ein altes chinesisches Sprichwort sagt: „Wenn ich jemandem aus seinen Schwierigkeiten helfe, dann versenke ich gleichzeitig meine eigenen Schwierigkeiten in das Loch, aus dem ich den anderen gezogen habe."

Ich kannte einmal eine Frau, deren über alles geliebter Mann gestorben war. Sie hatten keine Kinder und immer nur füreinander gelebt. Die schlimmste Stunde, so erzählte sie mir, war jeweils die Zeit des Abendessens, weil sie dann immer mit großer Freude die Lieblingsgerichte ihres Mannes gekocht habe. Sie war eine ausgezeichnete Köchin, aber für sich allein wollte sie nun nicht mehr kochen. Doch eines Tages sagte sie sich: „Das ist Unsinn. Jetzt gehe ich in die Küche und backe die Torte, die Harry immer am liebsten aß. Dann stecke ich ein paar Kerzen darauf und bringe sie in die Kinderabteilung des Krankenhauses. Und morgen backe ich ein paar Früchtekuchen und gebe sie im Waisenhaus ab, und übermorgen überrasche ich eine Freundin, die viel allein ist, mit selbstgemachtem Gebäck. Und so fahre ich fort, bis ich mich wieder gefunden habe." Diese Geschichte hat ein außergewöhnliches Ende. Einer der Kuchenempfänger war ein Bankier, den nicht nur die Selbstlosigkeit der Witwe beeindruckte, sondern ebensosehr ihre Backkunst. „Warum eröffnen Sie nicht eine Konditorei?" fragte er sie.
„Weil ich weder Kapital noch Erfahrung besitze."

„Mit dem Kapital kann ich Ihnen aushelfen, und Erfahrung brauchen Sie bei Ihrem Talent wohl nicht." Das Ergebnis war eine kleine, aber einträgliche Konditorei und ein geordnetes, ausgefülltes Leben.

Carrie Chapman Catt hatte ein eigenes Rezept zur Behandlung von Depressionen. Es lautete ungefähr so: „Nimm deinen Hut, gehe aus und tue irgendetwas für irgendjemanden. Wiederhole das zehn Mal!"

Dieses Rezept gilt nicht nur für einen bestimmten Lebensbereich, sondern für alle.

Wenn das Leid
in das Leben anderer tritt

Die besten Mittel gegen das Leid sind Zuneigung, Anteilnahme, Liebe. Und der beste Weg, einem Menschen, der ins Leid gekommen ist, zu helfen, besteht darin, ihn unsere Zuneigung, Anteilnahme und Liebe auf jede nur erdenkliche Weise spüren zu lassen.

Ich werde nie die zweite Abdankung, die mir als jungem Pfarrer anvertraut war, vergessen. Ein kleines, etwa acht Jahre altes Mädchen war gestorben. Ich sehe es noch vor mir, wie es, wie schlafend, in seinem Sarg lag, mit rosaroten Bändern im Haar. Die jungen Eltern saßen daneben, vom Schmerz wie betäubt. Ich selbst war so jung und unerfahren, daß ich ernsthaft daran zweifelte, die Abdankung vornehmen zu können, ohne zusammenzubrechen. Bevor ich begann, tat ich daher das einzige, das ich in meiner Befangenheit zu tun fähig war. Ich setzte mich zwischen Vater und Mutter, legte meine Arme um sie und sagte ihnen mit belegter Stimme, daß ich sie liebte. Später sagte mir die Mutter, daß diese Geste sie mehr gerührt und ihr mehr geholfen habe als alles, was ich sonst hätte sagen oder tun können.

Es gibt viele Wege, seine Anteilnahme auszudrücken. Ich erinnere mich, daß ich die Nachricht vom Tode meiner Mutter an einem Samstag erhielt. Am nächsten Tag sollte ich in einer am Meer gelegenen Stadt in New Jersey predigen. Zuerst wollte ich absagen. Aber als ich mich fragte, was meine Mutter wohl von mir erwartete, kam die Antwort unverzüglich: Sie wollte gewiß, daß ich predigte. So bestieg ich am nächsten Tag traurig und allein den Zug, der mich nach New Jersey führen sollte. Im Zug traf ich einen Bekannten, Oberst Myron W. Robinson, einen aktiven Jersey Politiker. Er war glänzender Laune, denn er war unterwegs zu einem Strand-Picknick im nächsten Sädtchen nach meinem Bestimmungsort. Er bemerkte jedoch bald meine Niedergeschlagenheit, und als er mich danach fragte, erzählte ich ihm den Grund.

Er sagte nicht viel, aber als ich ausstieg, stieg er ebenfalls aus. Anstatt an sein Picknick zu gehen, kam er mit mir zur Kirche und hörte sich meine Predigt an. Nachher begleitete er mich zum Bahnhof, und wir fuhren wieder zusammen nach New York zurück. Nicht ein einziges Mal sagte er ein Wort des Trostes zu mir. Aber er blieb den ganzen langen Tag bei mir, bis ich wieder zu Hause bei meinen Lieben war. Nie werde ich Myron Robinson vergessen und die Kraft und den Halt, den mir seine bloße Gegenwart gab. Er zeigte seine Liebe durch seine Anwesenheit, und das gab mir Trost. Darum denke daran — ein Mensch im Leid wird oft durch die bloße Anwesenheit eines mitfühlenden Menschen mehr getröstet, als man sich vorstellen kann.

Wenn du nicht zu einem Freund oder Verwandten, der sich im Leid befindet, hingehen kannst, dann schreibe ihm. Auch das wird ihm eine Hilfe sein, und es kommt dabei weniger auf die Worte an, die du schreibst, als daß du es tust. Wenn es dir schwer fällt, deine Gefühle in Worten auszudrücken, dann schicke Blumen oder eine Karte oder frage an, ob du in dieser schweren Zeit irgendetwas tun, vielleicht eine Arbeit abnehmen kannst.

Nicht immer ist es nötig, sein Mitgefühl durch Worte oder Taten auszudrücken. Manchmal ist bloßes Zuhören wichtiger. Ein Freund erzählte mir einmal von einem Mann, den er kannte, und der mit seinen Kindern eine Fahrt in einem Ruderboot unternahm. Das Boot kippte um, und eines der Kinder ertrank. Der Mann war dermaßen erschüttert, daß er nicht mehr arbeitete und weder aß noch schlief. Er brachte es auch nicht fertig, über die Tragödie zu sprechen.

Eines nachts erschien er im Büro des Redakteurs der Lokalzeitung, den er kannte. Der Redakteur, der noch spät an der Morgenausgabe seiner Zeitung arbeitete, grüßte den Mann ruhig, bot ihm einen Kaffee an und arbeitete weiter. Da, gegen ein Uhr morgens, begann der Mann zu sprechen. Er erzählte von seinen quälenden Selbstvorwürfen und von seinen Gewissensbissen. Er schilderte den Hergang des entsetzlichen Geschehnisses; er durchlebte die ganze Tragödie noch einmal. Der Redakteur hörte ruhig zu, ohne kaum je ein Wort zu sagen. Endlich stand der Mann auf, um zu gehen. „Vielen Dank", sagte er. „Ich glaube, jetzt kann ich weiterleben. Wenn ich nicht zu jemandem hätte sprechen können, hätte ich wohl Selbstmord begangen." Das mitfühlende Schweigen des Redakteurs hatte dem Mann geholfen, das in seinem Innern zusammengeballte Leid zu lösen und anzufangen, den langen Weg zurück zu einem normalen Leben zu gehen.

Wenn wir versuchen, jemandem zu helfen, müssen wir auch den Zeitpunkt bedenken, zu dem unsere Hilfe am wertvollsten sein kann. Sehr oft befinden sich Hinterbliebene etwa drei bis vier Wochen nach dem Todesfall auf einem moralischen Tiefpunkt, da dann meistens die Zeit der Briefe und Besuche von Freunden und Bekannten vorbei ist. Ein Zeichen der Anteilnahme in diesem Zeitpunkt kann unter Umständen über Hoffnung und Verzweiflung entscheiden. Manche Menschen glauben, daß jemand, der einen Verlust erlitten hat, „mit seinem Kummer allein sein möchte". Ich glaube, daß in der Regel das Gegenteil der Fall ist. Eine Einladung zu einem Mittag- oder Abendessen, ein Telefonanruf oder ein Besuch in einer solchen Zeit können ein Geschenk des Himmels sein.

Wenn dir eines Freundes Leid unnatürlich lang anzuhalten oder außergewöhnlich tief zu sein scheint, dann bitte jemanden, dem er sein Vertrauen schenkt und der über entsprechende Erfahrung verfügt, ihn zu besuchen. In manchen Fällen geht die durch einen Todesfall hervorgerufene seelische Verwirrung zu tief, als daß ein wohlmeinender Freund allein damit fertig werden könnte.

Begehe nicht den Fehler, den Menschen, dem du helfen willst, einfach aufzuheitern zu versuchen. Sehr oft schaden wohlgemeinte Phrasen wie „Nimm es nicht so schwer!" mehr, als sie nützen. Eine Mutter, die ihr Kind verloren hat, *muß* es schwer nehmen. Wenn sie es nicht schwer nimmt und ihr Leid nicht ausströmen läßt, dann kann sie es schwerlich überwinden.

Versuche, den Leidtragenden in sein normales Leben zurückzuführen. Manchmal hilft ein ausgedehnter Spaziergang schon viel. Denn die Depressionen haben ihre Ursache wohl im erlittenen Verlust, aber sie greifen auch auf den Körper über und vertiefen sich, wenn der Körper untätig und träge wird. Wenn es Beschäftigungen gibt, die der vom Leid betroffene Mensch normalerweise liebt

— Gartenarbeit, Spaziergänge, Ausflüge, Sport, irgend etwas, das seine Aufmerksamkeit nach außen lenkt —, dann soll man ihn zu diesen Beschäftigungen ermutigen.

Zum Schluß möchte ich dir noch den Rat geben, alles in deiner Macht Stehende zu tun, um dem Betroffenen klarzumachen, daß das Leid, so quälend und hart es auch ist, vorübergeht, daß die Zeit heilen hilft und daß der menschliche Geist stark und widerstandsfähig genug ist, zu überleben. Einer meiner Freunde braucht oft, wenn Menschen wegen irgend etwas in Sorge oder Schwierigkeiten sind, die Worte: „Nur der Weg hindurch ist der Weg hinaus!" Du kannst dem Unglück und der Not in diesem Leben nicht entfliehen. Du kannst nicht davonrennen. Du kannst nur hindurchgehen im Glauben, daß du auf der anderen Seite hinauskommen wirst.

„Der Weg hindurch ist der Weg hinaus!" Das gilt für fast alle Schwierigkeiten. Es gilt auch für das Leid. Und vergiß nie: Gott geht mit dir hindurch, den ganzen Weg.

Wenn ein Kind stirbt

Von allen Seelenqualen, die Menschen befallen können, ist diejenige die größte, die Eltern erleiden, wenn ein Kind stirbt. Es ist nicht nur das fast unerträgliche Gefühl des Verlustet; es ist ebensosehr das nagende Gefühl, daß das Kind selbst des Geschenks des Lebens beraubt worden ist. Wenn ein älterer Mensch stirbt, finden wir Trost im Gedanken, daß er die Freuden und Leiden, die Höhen und Tiefen des irdischen Lebens durchschritten hat.

Aber wenn eine Krankheit oder ein Unfall ein Kind von uns nimmt, dann stirbt auch unsere Vorfreude auf das Miterleben des Heranwachsens des Kindes und seiner Entwicklung zum reifen Menschen, auf die Teilnahme an seinen Kämpfen für alles Schöne, das das Leben bieten kann. Und je mehr liebevolle Vorbereitungen auf das spätere Leben des Kindes wir getroffen haben — Zuneigung, Führung, Ausbildung, Erziehung —, um so untragbarer scheint unser Leid zu sein.

Kürzlich rief mich eine Frau durch ein Ferngespräch aus einer Stadt in Georgia an. Sie war in Tränen aufgelöst. Und zwar weinte sie nicht um ihrer selbst willen, sondern wegen einer nahen Freundin, deren kleiner Junge überfahren und dabei getötet worden war. Sie bat mich, ihr zu sagen, wie sie ihre Freudin trösten und ihr über die entsetzlichen Schmerzen hinweghelfen könne.

Es ist nicht leicht, aus heiterem Himmel einer solchen Situation gegenübergestellt zu werden. Ich war nicht darauf vorbereitet. Aber ich tat das einzige, das ich tun konnte. Ich bat Gott um seinen Beistand.

„War dieser Junge ein glückliches Kind?" fragte ich die Frau.

„Oh ja", antwortete sie unter Schluchzen, „glücklich, fröhlich, sonnig ..." Sie konnte nicht weitersprechen.

„Brachte es Liebe und Freude in das Leben seiner Eltern?"

„Unendlich viel!"

„Sehen Sie", sagte ich, „die Eltern werden die körperliche Anwesenheit ihres Kindes vermissen, grausam vermissen. Sie werden jedoch die Kraft finden müssen, damit fertig zu werden, und Gott wird ihnen diese Kraft geben, wenn sie ihn darum bitten.

Aber es gibt auch glückliche Erinnerungen, an die sie sich halten können.

Nehmen wir an, diese Eltern hätten dieses Kind nie gehabt, es wäre nie ein Teil ihres Lebens gewesen. Denken Sie an all die schönen Stunden, die sie dann nicht erlebt hätten. Glauben Sie, daß die Eltern möchten, ihr Kind hätte gar nie gelebt? Ich bin überzeugt, daß sie das nicht möchten. Gott schenkte ihnen einige Jahre wundervollen Glücks, und diese schöne Zeit soll in ihren Gedanken weiterleben.

Dann wollen wir auch an den kleinen Jungen selbst denken. Welch ein glückliches, unbeschwertes Leben hatte er! Keine Schwierigkeiten, keine Sorgen, keine Schuldgefühle, keine Spur von Sünde — nur die Freude, erwünscht und geliebt zu sein! Bedenken Sie den Prozentsatz an Glück in seinem kurzen Leben; er ist bestimmt viel höher als derjenige in Ihrem oder meinem Leben, vielleicht nahezu hundert Prozent.

Und denken Sie daran, wie neu und prickelnd die Welt immerzu für ihn war. Seine Sinne wurden nie durch Wiederholungen und Langeweile abgestumpft. Alles war für ihn stets wie ein Wunder, weil es so neu war. Erinnern Sie sich, wie Brombeeren schmeckten, als Sie sie als Kind pflückten — warm, süß, köstlich? So schmecken Beeren für uns Erwachsene nicht mehr; aber so schmeckten sie noch für diesen Jungen. Die Fensterscheiben, durch die er die Welt betrachtete, waren blitzblank. Kein Schmutz, kein Staub. Auch seine Seele war blitzblank, so wie Gott sie erschaffen hatte. Ich bin sicher, daß er keine Schwierigkeiten hatte, sich an das Leben auf der anderen Seite des Todes zu gewöhnen.

Er betrat es gewiß ohne jede Anstrengung oder Erschütterung. Und ich bin überzeugt, daß er, wenn die Zeit kommen wird, dort seine Eltern erwartet, um ihnen beim Übertritt zu helfen, der für sie vielleicht schwieriger sein wird, als er für ihn war."

Die Frau schien etwas ruhiger. Sie sagte mit trauriger Stimme: „Aber sein Leben auf der Erde war so kurz."

„So scheint es uns", antwortete ich. „Aber vielleicht sollten wir es vom Standpunkt Gottes aus betrachten. Sie wissen doch, daß es in einem alten Kirchenlied heißt: ‚Tausend Jahre vergehen in Seiner Sicht wie ein Abend.' Spielt es aus der Sicht der Ewigkeit wirklich eine Rolle, ob ein Mensch acht oder achtzig Jahre lebt? Bedeutet die Beschaffenheit eines Lebens nicht mehr als seine Dauer?"

„Ich glaube schon", erwiderte sie voller Hoffnung.

„Noch etwas", fuhr ich fort. „Versuchen Sie, Ihren Freunden klarzumachen, daß sie, obwohl sie selbst leiden, sich um ihren Jungen keine Sorgen mehr zu machen brauchen. Er ist jetzt gesichert — gesichert in ihren Herzen und gesichert in der Liebe Gottes. Sie brauchen nicht mehr zu fürchten, daß er Fehler begehen wird, daß das Leben ihn umwerfen wird, daß das Böse ihn in Versuchung führen oder eine Krankheit ihn lähmen wird. Die Beschwerden des Alters können ihm nichts mehr anhaben. In seinem Leben gibt es keine Traurigkeit mehr. Er ist vorausgegangen in ein Leben, das strahlender ist als unseres. Die Bibel verspricht es, und ich glaube es. Ich bin davon überzeugt; und an diese Überzeugung sollen sich auch die Eltern des kleinen Jungen halten. Wollen Sie ihnen das sagen?"

Wenn der Tod
durch einen Unfall kommt

Der Unfalltod ist immer unerwartet, immer erschütternd, immer schwer zu ertragen, denn er kommt ohne Vorbereitung, ohne Warnung. Nur zu oft erscheint ein Unfall als etwas, das hätte vermieden werden können. Wenn das Opfer doch nur seine Reise verschoben oder ein anderes Transportmittel benutzt hätte, wenn er oder sie zu dieser Zeit nicht an dieser Stelle gewesen wäre ... die Möglichkeiten, daß der Unfall nicht passiert wäre, scheinen dermaßen unzählig, daß man leicht in den Irrtum verfällt zu glauben, der Unfall sei durch eine böswillige kosmische Kraft verursacht worden. Und von da ist es nur ein kleiner Schritt, verbittert zu werden und Gott Vorwürfe zu machen.

Eine solche Einstellung ist nicht nur ein Irrtum, sie ist geradezu tragisch, den sie schneidet die betroffene Person von der mächtigsten Trostquelle ab, vom Vertrauen in die liebevolle Güte Gottes. Wenn eine solche Einstellung auch verständlich sein mag, so ist sie doch völlig falsch. Die Vorstellung, daß Gott, der uns so sehr liebt, daß er unter die Menschen trat und für uns starb, jemanden vorsätzlich straft, indem er ihm einen geliebten Menschen wegnimmt, oder daß dieser Gott jemanden aus Zorn, Bosheit oder Rache sterben läßt, ist einfach widersinnig.

Es schien mir immer, als ob es in Wirklichkeit zwei Arten von Unfalltod gäbe — eine, die auf menschliche Irrtümer oder auf menschliches Versagen zurückzuführen ist, und die andere, deren Ursache in nicht voraussehbaren Naturereignissen zu suchen ist.

Bei der ersten Art von Unfalltod sind die fehlbaren Menschen zu tadeln. Wenn ein Haus einstürzt, weil die Berechnungen falsch waren, und unzählige Menschen dadurch den Tod finden, dann ist die Ursache ein menschlicher Irrtum. Wenn ein betrunkener Automobilist ein rotes Licht nicht beachtet und einen Fußgänger überfährt, dann ist das krimineller menschlicher Irrtum. Wenn ein Mechaniker bei der Kontrolle vor dem Abflug einen Defekt übersieht, dann kann diese Unachtsamkeit der Grund eines Flugzeugabsturzes sein. Aber bei allen diesen Fällen kann man nicht Gott verantwortlich machen. Er läßt uns die Freiheit, nach unserem Willen zu handeln, und diese Freiheit schließt auch die Freiheit in sich, Fehler zu machen. Viele, wenn nicht sogar die meisten verhängnisvollen Unglücksfälle sind auf derartiges menschliches Versagen zurückzuführen.

Nun gibt es allerdings auch Unglücksfälle, die ihre Ursache nicht in einem menschlichen Irrtum haben. Ein Erdbeben macht eine Stadt dem Erdboden gleich. Ein Taifun zerstört ein Dorf. Ein Bauernhaus wird durch einen Wirbelsturm niedergerissen und begräbt eine ganze Familie unter sich. Wie oft hört man nach einem solchen Unglück die Überlebenden klagen: „Warum hat Gott uns das angetan?"

Gott hat dies nicht mit Absicht jemandem angetan. Er schuf ein herrliches Universum, damit wir darin leben können. Um das möglich zu machen, hatte er bestimmte Regeln, bestimmte Gesetze zu errichten. Einige davon sind Naturgesetze, wie das Gewicht der Schwerkraft. Andere sind mathematische Gesetze. Und nachdem er diese Gesetze einmal errichtet hat, kann Gott sich nicht in ihre Wirksamkeit einmischen.

Er kann nicht, zum Beispiel, das Gesetz der Schwerkraft aufheben, um ein defektes Flugzeug davor zu bewahren, zur Erde zu fallen. Wenn er es täte, würde augenblicklich alles Leben auf unserem Planeten absterben. Er schuf die Elektrizität, diesen großen Segen der Menschheit. Eine ihrer Formen ist der Blitz während eines Gewitters. Wo ein Blitz ist, ist Gefahr. Wo Gefahr ist und wo Menschen sind, machen es Gesetze unvermeidlich, daß Menschen verletzt oder gar getötet werden. Dasselbe gilt für Gewässer. Ohne sie gibt es kein Leben — es können aber auch Menschen in ihnen ertrinken. In den Bergen geht eine Lawine nieder; auf einer Insel bricht ein Vulkan aus. Es entspricht der Natur einer Lawine, einen Berghang hinunterzudonnern; es ist für einen Vulkan natürlich, geschmolzene Lava oder rotglühende Asche auszuspeien. Es würde jeder Vernunft widersprechen zu erwarten, daß solche Naturereignisse aufgehalten werden, weil Menschen sich aus freiem Willen in ihre Nähe und dadurch in Gefahr begeben haben. Die unumstößliche und manchmal harte Wahrheit ist eben, daß ein gewisses Maß an Risiko in unser Universum eingebaut ist. Es ist ein Teil des Preises, den wir für das herrliche Geschenk des Lebens bezahlen. Niemand will unverhofft sterben, weder durch einen auf menschlichem Versagen beruhenden Unfall noch durch eine nicht voraussehbare Naturkatastrophe. Aber diese Dinge geschehen, und wenn sie uns treffen, dann müssen wir genauso fest auf den gerechten und liebevollen Gott vertrauen, der das Opfer auf der anderen Seite des Todes empfangen wird, wie wenn der Dahingegangene am Ende der ihm bestimmten Tage eines normalen Todes gestorben wäre.

Wenn sich jemand das Leben nimmt

In mancher Hinsicht scheint dies der tragischste Tod zu sein. Bestimmt erschüttert er die Hinterbliebenen stärker und bürdet er ihnen mehr Leid auf als jede andere Todesart. Und oft lastet das Stigma des Selbstmordes schwer auf den Zurückgebliebenen.

Selbstmord wird oft als eine im Grunde genommen selbstsüchtige Handlung angesehen. Vielleicht stimmt es. Aber die Bibel warnt uns zu richten, wenn wir selbst nicht gerichtet werden wollen. Und ich glaube, daß dieses biblische Gebot in diesem Fall ganz besonders beachtet werden muß.

Denn wissen wir, wieviele Kämpfe ein solcher Mensch durchgefochten und gewonnen hat, eher er diesen letzten Kampf verlor? Und ist es anständig und gerecht, daß alle guten Taten dieses Menschen wegen seiner tragischen letzten Handlung vergessen und ausgelöscht sein sollen?

Ich glaube, wir sollten in einem solchen Fall mit Liebe und Mitleid reagieren und nicht verurteilen. Vielleicht konnte dieser Mensch in seinen letzten Augenblicken nicht mehr klar denken; vielleicht brachten ihn seelische Erregungen so durcheinander, daß er überhaupt zu keinem Gedanken mehr fähig war. Das wäre traurig, aber verständlich. Wir alle erleben Zeiten, in denen wir unsere Selbstkontrolle verlieren, Augenblicke der Wut, des Ärgers, der Selbstsucht, die wir später bedauern.

Wohl jeder von uns erreicht einmal einen Punkt, an dem er zusammenbricht — oder zusammenbräche, wenn ihn sein Glaube nicht stützte. Das Leben setzt manchen Menschen sehr viel stärker zu als anderen; und manche Menschen haben mehr Widerstandskraft als andere. Wenn ich in der Zeitung lese, daß düstere Verzweiflung einen einsamen Menschen so weit brachte, daß er keine Kraft mehr besaß weiterzuleben, was leider nur zu oft geschieht, dann verurteile ich ihn nicht. Ich bitte Gott für ihn um Gnade.

Und meine Gedanken wandern zu den Hinterbliebenen, weil ich weiß, wie sehr sie leiden. Sie werden ununterbrochen von Selbstvorwürfen gequält: „Was haben wir unterlassen, das wir hätten tun können? Was haben wir falsch gemacht?"

Von solchem Leid geplagten Menschen kann ich nur sagen: „Faßt Euch! Ihr tatet bestimmt Euer Bestes. Und gewiß tat auch der geliebte Mensch, der nun von Euch gegangen ist, sein Bestes, solange er konnte. Denkt daran, daß nun seine Qualen und seine Kämpfe vorbei sind. Richtet ihn nicht und maßt Euch nicht an, den Willen Gottes zu ergründen, wenn es eines seiner Kinder betrifft."

Vor einigen Jahren, als ein junger Mensch freiwillig aus dem Leben schied, hielt sein Pfarrer, Weston Stevens, die Abdankung. Was er an jenem Tag sagte, drückt das, was ich sagen möchte, besser aus, als ich es könnte. Hier ist ein Teil seiner Abdankungsrede:

„Unser Freund starb auf seinem eigenen Schlachtfeld. Er wurde in einem zivilen Ringen in vollem Kampf getötet. Er kämpfte gegen Gegner, die für ihn ebenso wirklich waren, wie es sein Sarg für uns ist. Sie waren mächtige Gegner. Sie beanspruchten alle seine Energie und Ausdauer. Sie erschöpften seine letzten Reserven an Mut und Kraft. Und zuletzt wurde er von diesen Gegnern überwältigt; er schien den Kampf verloren zu haben. Hat er das tatsächlich? Ich sehe eine Menge Siege, die er errungen hat!

Einmal hat er unsere Bewunderung errungen. Denn auch wenn er den Kampf verloren hat, bewundern wir seine Tapferkeit. Und wir bewundern seinen Mut, seinen Stolz und seine Hoffnung, die er als seine Waffen benutzte, solange er konnte. Wir werden uns nicht seines Todes erinnern, sondern seiner täglichen Siege, die er durch seine Freundlichkeit und Rücksichtnahme, durch seine Liebe zur Familie und zu Freunden, zu Tieren, Büchern, Musik, zu allem Schönen und Liebenswerten errang. Wir werden uns nicht an seinen letzten Tag, den Tag seiner Niederlage, erinnern, sondern an die vielen Tage, da er gegen die überwältigende Übermacht siegreich blieb. Wir werden nicht an die Jahre denken, die er aufgegeben hat, sondern an die Intensität, mit der er diejenigen Jahre lebte, die ihm gegeben waren.

Nur Gott weiß, was dieses seiner Kinder in seinen täglichen Seelenkämpfen gelitten hat. Und unser Trost ist, daß Gott dies weiß und versteht."

Der Blick über das Tal

Ich glaube, daß wir, obwohl es in diesem Leben so geordnet ist, daß wir keine endgültige Kenntnis vom Leben nach dem Tod haben, trotzdem von Zeit zu Zeit Hinweise erhalten, die zu bedeutungsvoll sind, als daß wir sie einfach übersehen oder beiseitewischen dürfen.

Sehr oft erzählen zum Beispiel Menschen, die nahe am Sterben waren, daß sie Anblicke oder Töne wahrnahmen, die bestimmt nicht dieser Welt anzugehören schienen. Und diese Berichte sind von bemerkenswerter Übereinstimmung. Fast immer erwähnen sie ein strahlendes, überirdisches Licht, manchmal Musik — nicht Musik, wie wir sie kennen, sondern Musik von einer Lieblichkeit der Harmonie und von einer Schönheit, die unbeschreibbar sind. Meistens erleben diese Menschen ein Gefühl großen Glücks und Wohlbefindens und wähnen sich eingebettet in eine Aura der Liebe, für die sie keine Worte finden.

Viele dieser Menschen sind dermaßen sachlich und vernunftgebunden, daß es unmöglich ist, sie der Selbsttäuschung zu bezichtigen. Ich hatte einen Freund, Herbert B. Clarke, der als Ingenieur in der ganzen Welt herumgekommen war. Er war ein kluger Mann, sehr ausgeglichen und beherrscht, absolut kein Phantast.

Eines Tages rief mich ein Arzt an: „Sie sind ein guter Freund von Mr. Clarke. Er liegt hier im Spital, und ich befürchte, daß er sterben wird. Können Sie kommen?"

Ich ging sofort hin. Der Arzt sagte mir, mein Freund befinde sich in tiefer Bewußtlosigkeit und sein Puls schlage kaum mehr. Ich setzte mich an sein Bett und betete; dann ging ich wieder nach Hause.

Mr. Clarke blieb zwei Tage bewußtlos. Dann telefonierte

mir der Arzt: „Es ist erstaunlich, aber ich glaube, der Patient erholt sich wieder."

Später, als ich Clarke wieder sah, sagte er zu mir: „Ich verbrachte einer wunderbare Zeit. Glaubst Du, daß ich tot war?"

„Nein, das glaube ich nicht. Wenn Du tot gewesen wärest, dann wärest Du es immer noch."

„Weißt Du", erwiderte er, „ich ging weit fort und gelangte an einen herrlichen Ort. Alles um mich war Licht. Ich hörte Musik und sah Menschen — Menschen mit unbeschreiblich glücklichen Gesichtern. Ich konnte sie nicht erkennen, aber sie waren bestimmt die glücklichsten Menschen, die mir je begegnet sind. Ich war überzeugt zu sterben oder schon gestorben zu sein. Es war wunderschön."

„Wünschtest Du zurückzukommen?" fragte ich ihn.

„Oh nein! Ich war dort so glücklich, daß ich ganz gewiß nicht zurückkommen wollte. Aber wenn es für mich wirklich einmal Zeit sein wird zu sterben, dann werde ich mich nicht fürchten, ich werde mich freuen."

Und als er einige Jahre später starb, geschah es mit einem Lächeln und mit dem Ausdruck großen Friedens auf seinem Gesicht.

Eine andere bemerkenswerte Erfahrung berichtete Natalie Kalmus, die viele Jahre in Hollywood gearbeitet hatte. Ihre Schwester Eleonore war am Sterben, und sie saß an ihrem Bett. Plötzlich stützte sich die sterbende Frau auf und sagte: „Natalie, ich sehe so viele von ihnen!" Sie begann die Familienmitglieder, die schon gestorben waren, aufzuzählen. „Da ist Fred . . . und Mary . . . und Ruth — was . . .?" Sie hielt inne, und Erstaunen überzog ihr Gesicht. „Wieso ist Ruth hier?" Natalie Kalmus erschauerte. Ruth war eine Cousine, die vergangene Woche unerwartet gestorben war, von deren Tod man Eleonore jedoch nichts gesagt hatte.

Ein noch außergewöhnlicheres Erlebnis erzählte Dr. George C. Ritchie aus Richmond. Er erkrankte im Dezember 1943, unmittelbar vor Vollendung seiner Rekrutenschule, an doppelseitiger Lungenentzündung. Nach kurzer, heftiger Krankheit starb er, und der verantwortliche Militärarzt stellte den Totenschein aus. Ein paar Minuten danach kam der Soldat, der mit der Überführung des Toten in die Leichenhalle beauftragt war, mit der Nachricht zum Arzt gerannt, der Totgeglaubte habe Lebenszeichen von sich gegeben. Der Arzt gab dem Patienten eine Adrenalin-Einspritzung direkt in den Herzmuskel, und zu seinem Erstaunen kehrte George Ritchie langsam wieder ins Leben zurück.

Später versuchte Dr. Ritchie zu beschreiben, was ihm widerfahren war. Es schien ihm, als ob sein Geist seinen leblosen Körper auf dem Bett zurückgelassen und sich von ihm getrennt hätte. Dabei überlegte er: Diese Loslösung ist nun das, was man sterben nennt. Verzweiflung begann ihn zu überkommen, aber im selben Augenblick wurde er von Licht umgeben — von Licht, dessen Intensität zu beschreiben es keine Worte gibt. Dr. Ritchie war überzeugt, daß dieses Licht die Gegenwart Gottes war, und erzählte: „Der Raum war überflutet, durchdrungen von der stärksten Liebe, die ich je empfungen habe. Alles war so tröstlich, freudig und friedvoll, daß ich mich für immer hineinverlieren wollte."

Dr. Ritchie erzählte auch von anderen Welten, auf die er während seines außerordentlichen Erlebnisses einen flüchtigen Blick tun durfte: „Auf diese letzte Welt konnte ich nicht nur einen kurzen Blick werfen. Wir schienen jetzt nicht mehr auf der Erde, sondern unendlich weit weg zu sein von allen Bindungen zu ihr. Und dann — noch in weiter Ferne — sah ich eine Stadt, eine Stadt — wenn so etwas überhaupt denkbar ist —, nur aus Licht erbaut. Damals hatte ich das Buch der Offenbarungen noch nicht gelesen und auch noch nie etwas über das Leben nach dem Tod. Aber da war eine Stadt, deren Mauern, Häuser, Straßen Licht auszuströmen schienen und deren Bewohner ebenso strahlend waren wie der, der an meiner Seite stand. Das alles war die Vision eines Augenblicks. Die Mauern des kleinen Raumes schlossen sich wieder um mich, das blendende Licht verschwand, und ich fiel in schweren Schlaf.

Bis heute ist es mir unerklärlich, warum ich ausersehen wurde, zum Leben zurückzukehren. Alles, was ich weiß, ist, daß ich, als ich im Spitalbett in jenem kleinen Raum aufwachte, kein Gefühl des Heimkehrens empfand. Und das unbändige Verlangen jenes Augenblicks in meinem Herzen ist seither das ständige Verlangen in meinem Leben geblieben: ‚Gott, zeige Dich mir wieder!‘“

Vielleicht wachen unsere Lieben, die uns in das „Haus mit vielen Wohnungen" vorangegangen sind, stets über uns, möglicherweise warten sie auf uns. Vor einiger Zeit hielt ich die Abdankung für ein Mitglied der Marble Collegiate Church, Dr. John Reilly, der im Alter von sechsundneunzig Jahren gestorben war. Er war ein ausgezeichneter Arzt gewesen, ein Vorkämpfer in der Behandlung und Verhütung der Cholera, Leibarzt von Theodore Roosevelt und William Howard Taft und starb als der älteste praktizierende Arzt im Staate New York. Er war ein außerordentlich geistreicher Mann und noch mit über neunzig Jahren bemerkenswert kräftig, energisch und dynamisch. Der Tod kam rasch zu Dr. Reilly. Sein Körper zerfiel, aber sein Geist blieb bis zur letzten Minute klar. Einige Stunden ehe er starb, ließ er mir ausrichten: „Sagt meinem Freund Dr. Peale, daß ich nun diese Welt verlasse, daß ich jedoch auf der anderen Seite für ihn arbeiten werde."

Zeugnisse vom ewigen Leben

Was bedeuten uns solche Berichte, wie ich sie eben erzählt habe? Sind sie Phantastereien und Halluzinationen? Ich glaube nicht! Ich glaube vielmehr, sie sind Sendboten eines nicht materiellen Lebens, einer nicht materiellen Welt, die sich uns hin und wieder bemerkbar machen, wenn unsere Sinne besonders empfangsbereit sind oder das Bevorstehen des Todes wahrnehmen.

In meiner Überzeugung werde ich auch durch andere Hinweise bestärkt. Ich denke an diese rätselhaften und manchmal dramatischen Vorkommnisse, wenn ein lieber Verstorbener zurückzukehren scheint, um mit dem Bewußtsein eines noch in unserer Welt gebliebenen Menschen Verbindung aufzunehmen. Dies geschieht manchmal im Traum, manchmal durch eine visuelle Erscheinung oder gar durch das Gefühl einer Berührung. Die Wissenschaft hat begonnen, sich für solche Erscheinungen zu interessieren und bestreitet die Möglichkeit ihres Vorhandenseins nicht. Dr. J. B. Rhine von der Duke Universität, dessen Arbeit auf dem Gebiet der Parapsychologie weltbekannt ist, hat viele dieser Fälle gesammelt und ist der Ansicht, daß sie in ein Reich des Geistes und der Sinne gehören, das wir eben erst schwach zu verstehen beginnen.

Ich könnte vieler solcher Geschehnisse, die mir mitgeteilt worden sind, nacherzählen. Aber bei verschiedenen Gelegenheiten ist mir selbst ähnliches widerfahren.

Als man mir den Tod meiner Mutter telefonierte, war ich allein in meiner Kirche, der Marble Collegiate Church. Ich war fassungslos. Instinktiv setzte ich mich in die Kanzel, denn meine Mutter hatte mir einmal gesagt, daß sie in Gedanken immer bei mir sei, wenn ich mich in der

Kanzel meiner Kirche befände. Danach ging ich in mein Schreibzimmer. Auf dem Tisch lag eine alte, etwas zerschlissene Bibel; ich legte meine Hand darauf und starrte aus dem Fenster. Da spürte ich deutlich und unverkennbar, wie zwei gewölbte Hände sachte meinen Kopf berührten und ihn einen kurzen Augenblick lang liebevoll festhielten. War das Einbildung? Vielleicht — sicher bin ich jedoch nicht. Ich glaube weit eher, daß meine Mutter die Erlaubnis erhalten hatte, mich zu berühren, um mir so die Gewißheit zu geben, daß sie gut aufgehoben sei.

Jahre später predigte ich an einer Methodisten-Versammlung in Georgia. Dabei wurden auch mehrere Lieder gesungen, und mein Freund Bischof Arthur Moore bat alle Prediger der Gemeinde, auf das Podium zu kommen und gemeinsam zu singen. Als sie den Mittelgang und die Seitenschiffe entlangkamen, sangen sie zusammen mit der großen Gemeinde das alte Kirchenlied: „Am Kreuz, am Kreuz, wo ich das Licht zuerst erblickte". Ich saß auf dem Podium und fühlte mich entspannt und glücklich. Da plötzlich, unter den Predigern, die den Mittelgang heraufkamen, sah ich meinen alten Vater.

Bevor mein Vater gestorben war, hatte er verschiedene Schlaganfälle erlitten, und seine Stimme war nur noch ein Wispern gewesen. Aber jetzt kam er kräftig singend und mit einem herrlich strahlenden Gesicht daher. Er schien etwa vierzig Jahre alt, war gepflegt, lebhaft und lächelte mir zu. Als er in seiner mir vertrauten Art die Hand hochhielt, war es so echt, daß ich mich von meinem Stuhl erhob und auf ihn zugehen wollte. Ich weiß nicht, was die anderen Leute dachten, aber für mich gab es nur mehr meinen Vater und mich im ganzen großen Versammlungssaal. Plötzlich sah ich ihn nicht mehr; aber das Gefühl seiner Gegenwart blieb in meinem Herzen.

Ich bin nicht abergläubisch, und ich glaube nicht, daß ich überempfindlich bin oder zu Halluzinationen neige. Ich erzähle lediglich, was ich sah und fühlte. Und ich bin überzeugt, daß ich kaum ein anderes Erlebnis in meinem Leben bewußter wahrgenommen habe als dieses. Warum auch nicht? Mein Vater war Methodisten-Prediger gewesen. Er liebte die altmodischen Versammlungen und die alten Lieder. Es war genau die Art Versammlung, die er immer gemocht hatte. Und welche Freude hätte es ihm bereitet, mich dabei predigen zu hören! Ich empfand es als völlig natürlich, daß er geistig anwesend war.

Aber wieso konnte ich ihn sehen? Ich weiß es nicht. Alles, was ich weiß, ist, daß wir vorübergehend miteinander in Verbindung waren.

Stewart Edward White versucht in seinem Buch „The Unobstructed Universe", eine Erklärung für solche Geschehnisse zu geben. Er weist unter anderem darauf hin, daß wir nicht durch einen elektrischen Ventilator hindurchsehen können, wenn sich dessen Blätter nicht oder nur langsam bewegen. Dreht sich hingegen der Ventilator mit großer Geschwindigkeit, dann können wir dank der höheren Frequenz hindurchblicken. Wäre nicht denkbar, daß um uns herum in diesem rätselhaften Universum sich diejenigen befinden, die wir geliebt und nun für eine Weile verloren haben, daß sich aber zwischen uns eine Schranke befindet, durch die wir nur in seltenen Augenblicken sehen können, wenn ihre und unsere Frequenz übereinstimmen? Ich halte dies für eine durchaus mögliche Erklärung.

Die Bibel erzählt uns, daß Jesus nach seiner Auferstehung vielen Menschen erschienen und dann wieder ihrem Anblick entschwunden sei. Die Beschreibung des Lukas, wie zwei Jünger auf der Straße nach Emmaus diese Erscheinung wahrnahmen, ist ein sorgfältiger und ausführlicher Bericht. Diese zwei betrübten Männer trafen einen „Fremdling", der mit ihnen zu ihrem Bestimmungsort wanderte und von der traurigen Begebenheit der Kreuzigung sprach. Später fragten sie sich verwundert: „Erglühten nicht unsere Herzen, als Er wie beiläufig mit uns sprach?" Als er das Brot mit ihnen brach, da erkannten sie ihn. Aber da verschwand er.

Ich glaube, solche Offenbarungen finden statt, um uns die Tatsache eindrücklich zu machen, daß Christus nicht von uns gegangen ist, sondern lebt. Hat er doch zu uns gesagt: „Weil ich lebe, werdet auch ihr leben."

Die Stimme der Weisheit

„Weil ich lebe, werdet auch ihr leben!" Dieses Gotteswort sollte alles sein, was der überzeugte Christ in bezug auf den Tod als Zusicherung braucht — und ist es auch oft. Aber das Leid kommt zu allen Menschen, ohne Rücksicht auf ihr Glaubensbekenntnis. Es haben mir Menschen geschrieben, die mir offen sagten, daß sie wenig oder gar keinen religiösen Glauben besitzen, und die mich in Zeiten der Trauer trotzdem um Beistand oder Hilfe baten.

Eine Quelle des Trostes mag für solche Menschen die Ansicht von Mitmenschen sein, deren Erfahrungen und Kenntnisse ausgeprägter sind als ihre eigenen. Ich will daher einige Beispiele solcher überzeugter Menschen anführen, in der Hoffnung, daß sie auch anderen Kraft geben werden.

Ärzte haben täglich mit Leben und Tod zu tun. Einer der bedeutendsten Ärzte unserer Zeit war Sir William Osler. Dr. Osler verlor im Ersten Weltkrieg seinen Sohn. Die besten Militärärzte versuchten, den jungen Mann zu retten, aber ihre Kunst versagte, und Dr. Oslers Leben verlor viel von seinem Sinn, denn sein Sohn war sein Stolz und seine Freude gewesen, der Mittelpunkt all seiner Hoffnungen und Träume.

Nur einige Tage nach dem Tod seines Sohnes wurde der große Arzt von einer Krankheit befallen, von der er wußte, daß sie tödlich sein würde. In seinen letzten Stunden schrieb er etwas auf ein kleines Blatt Papier. Nachdem er gestorben war, nahm man den Zettel aus seinen kalten Händen. Darauf stand: „Nun ist die Reise bald vorbei, der Hafen ist in Sicht. Es war eine herrliche Reise mit guten Begleitern auf dem ganzen Weg. Aber nun gehe ich frohgemut, weil ich weiß, daß mein Sohn drüben auf mich wartet."

Glauben Sie, daß sich ein Mensch mit solch klarem Verstand, wie ihn Sir William Osler besaß, bei etwas so Ernsthaftem und Grundlegendem täuschen kann? Wohl kaum!

Thomas A. Edison war der größte Erfinder seit Leonardo da Vinci. Er war Wissenschafter bis in die Fingerspitzen, aber er glaubte an die menschliche Seele. Eine Zeitlang gab er sich sogar mit Experimenten ab, sie zu wägen! Seine Frau erzählte mir, der anwesende Arzt hätte beim Eintreten des Todes gesehen, daß der greise Erfinder zu sprechen versuche. Er beugte sich über ihn und hörte Edison murmeln: „Es ist wunderschön da drüben."

Edison war einer der genauesten und sorgfältigsten Beobachter der Lebensvorgänge, die es je gegeben hat. Als er an der Erfindung der Glühbirne arbeitete, führte er hunderte von Versuchen durch, ehe er endlich eine Glühbirne als brauchbar bezeichnete. Glauben Sie, daß ihn seine lebenslangen Gewohnheiten in bezug auf Genauigkeit und Gewissenhaftigkeit im Moment des Sterbens verlassen haben? Ich kann es nicht glauben.

William Jennings Bryan, vielleicht der brillanteste Redner, den die Vereinigten Staaten von Amerika je gehabt haben, fand seinen Beweis für die menschliche Unsterblichkeit in der Natur. Er fragte: „Wenn es Gott nicht zuviel ist, den kalten und pulslosen Kern einer in der Erde vergrabenen Eichel mit seiner göttlichen Kraft zu berühren und ihn seine Schale sprengen zu lassen, wird er dann die Seele eines Menschen, der nach seinem Vorbild

erschaffen worden ist, unbeachtet in der Erde lassen?"
Und, über die Fähigkeit eines Weizenkorns, sich über
Menschenalter hinweg fortpflanzen zu können, nachsin-
nend, sagte er: „Wenn der unsichtbare Keim eines Weizen-
korns ungeschwächt dreitausendmal wiederauferstehen
kann, dann zweifle ich nicht, daß auch meine Seele die
Kraft haben wird, sich mit einem neuen Körper zu um-
geben, und daß sie die Fähigkeit zu einem neuen Leben
besitzt, wenn ihr früherer Rahmen in Staub zerfallen ist."
Auch ich zweifle nicht daran.
Diese Vorstellung vom Überleben der Seele wird immer
Bestand haben. Ein so moderner Wissenschafter wie
Wernher von Braun, der große Raketen-Pionier, hat gesagt, daß alle seine wissenschaftlichen Erkenntnisse ihn
gelehrt haben, daß im Universum nichts verschwinden
oder vernichtet werden kann und daß die menschliche
Seele gleichermaßen unzerstörbar ist.
Bedeutende Schriftsteller, große Dichter bestätigen dasselbe. Als Robert Louis Stevenson im Sterben lag, rief er,
kurz ehe der Tod eintrat, erstaunt aus: „Wenn das der
Tod ist, dann ist er schöner als das Leben." Und unmittelbar vor seinem Tod sagte Sir Walter Scott staunend: „Ich
fühle, wie ich wieder mich selber werde." Sogar Skeptiker
beginnen zu wanken, wenn sie dem Problem gegenübergestellt werden. Einer der schönsten Sätze, die je über die
Unsterblichkeit geschrieben worden sind, stammt von
Robert G. Ingersoll, der sich selbst als Agnostiker bezeichnete: „In der Todesnacht sieht die Hoffnung einen Stern
und die Liebe hört das Rascheln eines Flügels."
Der überzeugte Zweifler oder Ungläubige mag hartnäckig

sagen: „Recht und gut, aber das alles sind keine wissenschaftlichen, meßbaren und nachweisbaren Beweise."

Meine Antwort darauf lautet: „Gott sei Dank nicht!" Denn, angenommen, es gäbe solche kalte, harte, greifbare Beweise, was würde das für uns bedeuten?

Einmal würde es uns die Lust zum Bestehen des Lebenskampfes und somit alle Dramatik und Spannung des Lebens rauben. Wenn die Menschen die absolute Gewißheit hätten, daß eine bessere Welt auf sie wartet, dann wollten sie gewiß nicht hier bleiben und alle Kämpfe durchstehen, die für Männer und Frauen nötig sind, damit sie innerlich wachsen und reifen, damit sie — wie es uns Menschen bestimmt ist — von selbstsüchtigen und habsüchtigen biologischen Organismen zu liebenden und selbstlosen Kindern Gottes werden. Sie würden den leichten Weg gehen.

Dann würden wir aber auch geistig verkümmern. Was würde aus unserem Glauben werden? Unserem Glauben, dieser wundervollen Eigenschaft, die es uns haltlosen, unsicheren, immer wieder fehlenden Sterblichen ermöglicht, nach einer mächtigen, unsichtbaren Hand zu greifen und zu sagen: „Ich glaube. Ich glaube, daß Gott mich erschaffen hat, daß er alles von mir weiß, daß er mich liebt und für mich sorgen wird, auch nach dem Tode."

Der Glaube würde verlorengehen, denn wo Gewißheit besteht, braucht es keinen Glauben. Immer und immer wieder ermahnte Jesus seine Jünger, Vertrauen zu haben, zu glauben. Er ermutigte sie nie, auf endgültige Antworten zu bestehen oder Beweise zu verlangen.

Es gibt nicht den kleinsten Beweis gegen die Unsterblichkeit der Seele. Zugegeben, es gibt auch keinen äußeren Beweis dafür, aber alle Logik und das Herz, die innere Gewißheit sprechen dafür.

Die Antwort heißt Glaube

Welch abgedroschene Phrase! Wenn eine Redensart zu oft gebraucht wird, dann verliert sie ihre Wirkung, manchmal sogar ihren Sinn. Aber Glaube *ist* die Antwort auf fast alles in diesem Leben. Unser Leben stützt sich auf den Glauben, und wenn die Zeit kommt, bedeutet es uns eine große Hilfe, wenn wir im Glauben sterben können.

Es gibt ein Gleichnis, das ich oft in Predigten und bei Abdankungen brauche und das den meisten Menschen hilft, die dem Leid entgegenblicken müssen oder die einen ihrer Lieben verloren haben. Es ist ein sehr einfaches Gleichnis:

„Bevor wir auf diese Welt kamen, waren wir alle ungeborene Kinder. Wenn wir von dieser Welt in eine andere Welt gehen, dann sind wir wiederum ungeborene Kinder, was die andere Welt betrifft.

Wenn ein ungeborenes Kind, das unter dem Herzen seiner Mutter geschützt ist, denken könnte, dann würde es wohl sagen: ‚Dies ist ein wunderbarer Ort. Es ist warm, ich werde ernährt, man trägt Sorge zu mir, ich bin gut aufgehoben. Es ist eine großartige Welt, in der ich mich befinde. Hier ist mir wohl.‘ Und wenn dann jemand zu ihm sagte: ‚Aber Du wirst nicht hierbleiben, Du mußt weitergehen. Du wirst von diesem Ort wegsterben in eine andere Welt‘, dann würde das Kind der Geburt entgegensehen, wie wenn sie der Tod wäre, weil sie in seinem Vorstellungsvermögen das Ende seines Wohlbefindens bedeutete. Und es würde protestieren: ‚Ich will nicht sterben! Hier fühle ich mich wohl und sicher, hier will ich bleiben!‘ Was für uns Geburt ist, ist für das Kind Tod, und es würde sich dagegen wehren. Aber der Tag kommt, an dem es aus seinem geliebten Leben genommen und in unsere Welt geboren wird.

Was geschieht ihm nun? Es wird in liebende Arme gebettet; zarte Hände halten es sachte; ein gütiges Gesicht betrachtet es, und es beginnt, dieses Gesicht zu lieben. Alle, die in seine Nähe kommen, lieben es. Es ist der König der Welt, die es überblickt.

Dann beginnt es zu wachsen, und es findet die Welt gut. Gewiß, es hat Kämpfe zu bestehen und Ungemach zu durchleben, aber dadurch wird es reifer werden. Es muß Schwierigkeiten meistern, aber es wird lernen, Gott zu lieben, und es selbst wird von seinen Mitmenschen geliebt werden. Und es wird diese Welt mit ihren Jahreszeiten, ihrer Schönheit und ihren Menschen lieben.

Eines Tages wird es alt sein und vernehmen: ‚Jetzt mußt Du sterben.' Und es wird protestieren: ‚Ich will nicht sterben, ich liebe diese Welt. Ich liebe die wärmende Sonne auf meinem Gesicht und den kühlenden Regen; ich liebe die Menschen um mich; ich liebe meine Familie. Ich habe immer hier gelebt, ich will nicht sterben.' Aber es wird aus dieser Welt genommen und in eine andere Welt geboren werden.

Kann man sich vorstellen, daß Gott nun plötzlich anderen Sinnes würde und daß dieser Mensch nun in eine Welt der Finsternis und des Schreckens hineingeboren oder in einem Zustand des Nichts gelassen würde?

Dieser Mensch wird aufwachen und sich wieder jung fühlen. Vertraute Gesichter werden ihn grüßen, liebevolle

Hände werden sich ihm entgegenstrecken. Herrliches Sonnenlicht wird ihn umfluten, und süße Musik wird an seine Ohren klingen. Alle seine Tränen werden getrocknet werden, und er wird sagen: ‚Warum fürchtete ich mich so sehr vor dem Tode, der doch, wie ich jetzt weiß, Leben bedeutet?'"

Sind diese Überlegungen weit hergeholt? Ich glaube nicht. Gewiß ist das Sterben von Geheimnissen umgeben, aber das meiste auf dieser Welt ist geheimnisvoll, wenn man nicht darüber nachdenkt. Warum wächst ein Grashalm? Wie wirkt die Schwerkraft? Woher kommen Gewissensbisse? Gott weiß es — die Menschen wissen es nicht. Aber in all diesen Geheimnissen können wir eine Ordnung, einen Sinn, eine Durchdachtheit feststellen, die unsere Herzen leicht werden lassen und unseren Glauben an Gott stärken.

Darum wollen wir uns, wenn wir einen geliebten Menschen verlieren, an unsere Überzeugung von der allumfassenden Güte Gottes halten und daran glauben, daß dieser Mensch nicht in die Dunkelheit, sondern in das Licht gegangen ist.

Alles hängt davon ab, wie wir die Dinge sehen! Man kann sich den Tod als eine dunkle Türe oder ein finsteres Tal vorstellen — oder als eine Brücke zwischen zwei herrlichen Welten. Eine Brücke, die alle unsere lieben Dahingegangenen überschritten haben, und die auch wir eines Tages überschreiten werden, um wieder mit ihnen vereint zu sein.

Als ich eines Tages mit meiner Tochter Elisabeth einen

Spaziergang über das Gelände des Mount Holyoke College, in dem Elisabeth studierte, machte, kamen wir zu einer Sonnenuhr mit der Inschrift: *„Aus weiter Sicht ist der Rand des Schattens der Beginn des Lichts."*

Wie zutreffend ist dies doch auch in bezug auf den Tod! Wenn unsere Sicht begrenzt ist, dann sehen wir nur den Schatten, aber wenn wir unsere Sicht erweitern, dann sehen wir, daß am Rande des Schattens das Licht beginnt. Genau das will uns die Auferstehungsgeschichte sagen.

Einmal bestieg ich spät nachts ein Flugzeug nach Paris. Es war neblig und regnete leicht. Aber das Flugzeug startete trotzdem und erhob sich über den dunklen Ozean. Die Stewardeß machte die Runde und ließ die Fensterstoren herunter. Ich bat sie, denjenigen bei meinem Fenster nicht herunterzulassen. Mit einem freundlichen Lächeln antwortete sie: „Es ist dunkel, man kann nichts sehen. Wollen Sie nicht schlafen?"

Aber ich fuhr fort, in das Dunkel hinauszusehen und bereute es nicht. Denn ganz schwach, in großer Entfernung, erschien ein dünner Strich goldenen Lichts. Eine Stunde später wurde aus diesem dünnen Strich die überwältigende Pracht des erwachenden Tages.

Genau so — davon bin ich überzeugt — wird die Reise sein, die jeder von uns eines Tages in einem den Sterblichen unsichtbaren Gefährt zurücklegen wird. Wir werden aus dem erlöschenden Abendlicht unseres früheren Lebens in einen Bereich der Dunkelheit getragen werden. Aber diese Dunkelheit wird nur von kurzer Dauer sein, und danach werden wir uns im strahlenden Licht eines ewigen Morgens befinden. Und dort werden unsere Lieben auf uns warten und uns die Hände zum Willkomm entgegenstrecken, und wir werden — endlich und für immer — wissen, daß der Übergang, den wir Tod nennen, das Tor zu strahlendem Leben ist.

Ist das Dichtung? Ja! Ist das Religion? Ja! Ist das gesunder Menschenverstand? Ja! Ist das vernünftig? Ja! Und dafür wollen wir Gott immer und ewig danken.

In Traurigkeit, in Schmerz, in Not und Leid wollen wir uns fest an diese Wahrheit halten. Das Leben, das wir mit unseren Lieben gelebt haben, ist nicht zu Ende; es wurde nur für eine Weile unterbrochen.

Eines Tages wird dieses Leben für immer weitergehen.

Ich sehe dich morgen

Es war ein Ferngespräch über nahezu den halben amerikanischen Kontinent hinweg. Am einen Ende sprach eine alte, schwache Frauenstimme; die Männerstimme am anderen Ende war voller Kraft und Leben. Eine betagte Mutter sprach mit ihrem in den besten Jahren stehenden Sohn.

Seltsamerweise bleiben die meisten Männer für ihre Mütter immer kleine Knaben. Auch dieses Gespräch fand in diesem wohlbekannten Ton statt. Die Mutter sprach mit ihrem Sohn über die einfachen, bescheidenen, vertrauten Familiengewohnheiten. Sie sprach aus einem Dorf im Mittelwesten, aus einem altmodischen Haus an einer baumbestandenen Straße, während ihr Sohn in einem Bürohochhaus mitten im pulsierenden, brausenden Manhatten saß. Aber trotz allen äußeren Unterschieden war es ein Gespräch zwischen zwei Menschen, die einander über alles liebten.

Der Sohn wußte, daß sich seine Mutter nicht wohl fühlte, und er sagte ihr: „Mutter, ich fliege heute abend zu Dir, und wir werden eine schöne Zeit zusammen verbringen. Morgen früh werde ich bei Dir sein."

„Ach", antwortete sie, „wie freue ich mich darauf, meinen Knaben wieder zu Hause zu haben. Ich werde alle Deine Lieblingsgerichte für Dich kochen." Und mit zitternder Stimme verabschiedete sie sich: „Ich sehe Dich morgen."

Als der Sohn am andern Morgen ankam, erfuhr er, daß seine Mutter während der Nacht ruhig und friedlich in die andere Welt hinübergeschlummert war. Friedvoll lag sie da, und ihr Sohn betrachtete ihr Gesicht, ihre Lippen, die nun nie mehr sprechen würden, und er erinnerte sich an ihre letzten Worte: „Ich sehe Dich morgen." Und er wußte, daß er diese Worte nie vergessen würde.

Dieser Mann ist ein alter Freund von mir, sehr sachlich und sehr aufgeklärt, ganz auf dem Boden der Tatsachen stehend. Ich fragte ihn, was ihm diese letzten Worte seiner Mutter bedeuteten, und er sah mit voller Erstaunen an: „Daß ich sie morgen sehen werde, natürlich."

„Wie kannst Du das wissen?"

„Erinnerst Du Dich nicht, wie Du und ich und unsere übrigen Freunde jeweils in kleinen Landkirchen zum Gottesdienst gingen?"

Doch, ich erinnerte mich sehr gut daran, und ich bin Gott dafür dankbar, daß ich kurz nach der Jahrhundertwende in solchen kleinen Landkirchen aufwachsen durfte. Wenn man aus dem Fenster schaute, sah man keine Häuser, nur Felder, Hügel, Wälder und den Himmel. Die Prediger waren nicht immer hochgradig gebildete Männer, aber sie glaubten an das, was sie sagten. Und zudem hatten sie eine reiche geistige Erfahrung zu vermitteln: Sie erzählten von Menschen, die Gott gefunden hatten.

Mein Freund fuhr fort: „Erinnerst Du Dich an das alte Kirchenlied: ‚Dort ist ein Land, strahlender als der Tag; dank unserem Glauben sehen wir es schon von weitem' und an den Refrain: ‚Bald werden wir uns dort an diesen schönen Gestaden treffen'? Ich habe nicht den leisesten Zweifel, daß ich meine Mutter morgen — eines Morgens — dort wiedersehen werde."

Auch ich zweifle nicht daran — und auch du darfst nicht daran zweifeln!

Zuversicht aus der Bibel

Viel Trost im Leid kann uns aus den Worten der Heiligen Schrift zuteil werden. Seit Jahrhunderten richten sich trauernde und verzagte Seelen immer wieder an der Bibel auf. Von ihrer Botschaft des Glaubens und der Liebe Gottes, von ihrer triumphierenden Wahrheit der Unsterblichkeit kommt die Gewißheit, die Männern und Frauen immer wieder hilft, Frieden und neuen Lebensmut zu finden.

Die wundervollen Worte der Bibel erfüllen das einsame Herz und die leidende Seele mit der Gnade göttlichen Trostes. Die folgenden Bibelstellen haben mich oft im Leid gestützt und haben vielen Menschen geholfen, denen ich in düsteren Stunden beistehen durfte. Ich habe diejenigen Stellen hervorgehoben, die ich als ganz besonders tröstlich und hilfreich ansehe.

Psalm 23

Der Herr ist mein Hirte,
mir wird nichts mangeln.
Auf grünen Auen läßt er mich lagern,
zur Ruhstatt am Wasser führt er mich.
Er stillt mein Verlangen;
er leitet mich auf rechtem Pfade
um seines Namens willen.
Und ob ich schon wanderte im finstern Tal,
ich fürchte kein Unglück;
denn du bist bei mir,
dein Stecken und Stab, der tröstet mich.

Du deckst mir den Tisch
im Angesicht meiner Feinde;
du salbst mein Haupt mit Öl
und schenkst mir den Becher voll ein.
Lauter Glück und Gnade werden mir folgen
all meine Tage,
und ich werde in des Herrn Hause weilen
mein Leben lang.

Pslam 27: 1, 3, 5, 7, 13

Der Herr ist mein Licht und mein Heil,
vor wem sollte ich mich fürchten?
Der Herr ist meines Lebens Zuflucht,
vor wem sollte ich erschrecken?

Mag ein Heer sich wider mich lagern,
mein Herz fürchtet sich nicht;
mag Krieg sich wider mich erheben,
ich bleibe dennoch getrost.

Denn er birgt mich in seiner Hütte am Tage des Unglücks,
er schirmt mich im Schirm seine Zeltes,
auf einen Felsen hebt er mich.

Vernimm, o Herr, mein lautes Rufen,
sei mir gnädig und erhöre mich!

Ach, wenn ich nicht die Zuversicht hätte,
die Güte des Herrn zu schauen im Lande der Lebenden!

Psalm 46

Gott ist unsre Zuflucht und Stärke,
als mächtige Hilfe bewährt in Nöten.
Drum fürchten wir nichts, wenn gleich die Erde sich
    wandelt
und die Berge taumeln in die Tiefe des Meeres.
Mögen tosen, mögen schäumen seine Wogen,
die Berge erzittern bei seinem Aufruhr:
Der Herr der Heerscharen ist mit uns,
eine Burg ist uns der Gott Jakobs.

Eines Stromes Arme erfreuen die Gottesstadt,
die heiligste der Wohnungen des Höchsten.
Gott ist in ihrer Mitte; so wankt sie nimmer.
Gott hilft ihr, wenn der Morgen anbricht.
Völker tobten, Königreiche wankten;
er donnerte drein, da bebte die Erde.
Der Herr der Heerscharen ist mit uns,
eine Burg ist uns der Gott Jakobs.

Geht hin und schauet die Werke des Herrn,
der Erstaunliches geschaffen auf Erden,
der den Krieg steuert bis ans Ende der Welt,
der den Bogen zerbricht, den Speer zerschlägt
und die Schilde im Feuer verbrennt.
„Lasset ab und erkennet, daß ich Gott bin,
erhaben unter den Völkern, erhaben auf Erden!"
Der Herr der Heerscharen ist mit uns,
eine Burg ist uns der Gott Jakobs.

Psalm 73: 23—26

Nun aber bleibe ich stets bei dir,
du hälst mich bei meiner rechten Hand.
Du leitest mich nach deinem Ratschluß
und nimmst mich hernach in die Herrlichkeit.
Wen hätte ich im Himmel außer dir?
Und wenn ich dich habe, so wünsche ich nichts auf Erden.
Mag Leib und Sinn mir schwinden,
Gott ist ewiglich mein Fels und mein Teil.

Psalm 90: 1—5

O Herr, du warst unsere Zuflucht von Geschlecht zu
 Geschlecht.
Ehe die Berge geboren waren und die Erde und die Welt
 geschaffen,
bist du Gott von Ewigkeit zu Ewigkeit.
Du lässest die Menschen zum Staube zurückkehren,
sprichst zu ihnen: „Kehret zurück, ihr Menschenkinder!"
Denn tausend Jahre sind vor deinen Augen
wie der gestrige Tag, wenn er vergangen,
wie eine Wache in der Nacht.
Du säest sie aus, von Jahr zu Jahr,
sie sind wie das sprossende Gras.

Psalm 91

Wer unter dem Schirm des Höchsten wohnt,
wer im Schatten des Allmächtigen ruht,
der darf sprechen zum Herrn: „Meine Zuflucht,
meine Feste, mein Gott, auf den ich vertraue!"
Denn er errettet dich aus der Schlinge des Jägers,
vor Tod und Verderben.
Mit seinem Fittich bedeckt er dich,
und unter seinen Flügeln findest du Zuflucht.
Du brauchst dich nicht zu fürchten vor dem Schrecken der
    Nacht,
noch vor dem Pfeil, der am Tage fliegt,
nicht vor der Pest, die im Finstern einhergeht,
noch vor der Seuche, die am Mittag verwüstet.
Ob tausend fallen an deiner Seite,
zehntausend zu deiner Rechten,
dich trifft es nicht;
Schild und Schutz ist seine Treue.
Ja, mit eigenen Augen darfst du es schauen,
darfst sehen, wie den Gottlosen vergolten wird.
Denn deine Zuversicht ist der Herr,
den Höchsten hast du zu deiner Zuflucht gemacht.
Es wird dir kein Unheil begegnen,
keine Plage zu deinem Zelte sich nahen.
Denn seine Engel wird er für entbieten,
dich zu behüten auf all deinen Wegen.
Sie werden dich auf den Händen tragen,
daß dein Fuß nicht an einen Stein stoße.
Über Löwen und Ottern wirst du schreiten,

wirst zertreten Leuen und Drachen.
„Weil er an mir hängt, will ich ihn erretten,
will ihn schützen, denn er kennt meinen Namen.
Er ruft mich an, und ich erhöre ihn;
ich bin bei ihm in der Not,
reiße ihn heraus und bringe ihn zu Ehren.
Ich sättige ihn mit langem Leben
und lasse ihn schauen mein Heil."

Psalm 103: 8—13

Barmherzig und gnädig ist der Herr,
langmütig und reich an Güte.
Er hadert nicht immerdar
und verharrt nicht ewig im Zorn.
Er handelt nicht mit uns nach unsern Sünden
und vergilt uns nicht nach unserer Schuld.
Denn so hoch der Himmel über der Erde ist,
so hoch ist seine Gnade über denen, die ihn fürchten.
So fern der Anfang ist vom Niedergang,
so fern tut er unsre Übertretungen von uns.
Wie sich ein Vater über seine Kinder erbarmt,
so erbarmt sich der Herr über die, die ihn fürchten.

Psalm 121

Ich hebe meine Augen auf zu den Bergen:
woher wird mir Hilfe kommen?

Meine Hilfe kommt von dem Herrn,
der Himmel und Erde gemacht hat.
Er kann deinen Fuß nicht gleiten lassen;
der dich behütet, kann nicht schlummern!
Nein, er schlummert nicht und schläft nicht,
der Israel behütet.
Der Herr ist dein Hüter, der Herr dein Schatten,
er geht zu deiner Rechten:
bei Tage wird dich die Sonne nicht stechen,
noch der Mond des Nachts.
Der Herr behütet dich vor allem Übel,
er behütet dein Leben.
Der Herr behütet deinen Ausgang und Eingang,
jetzt und immerdar.

Jesaja 40: 25—31

Wem wollt ihr mich vergleichen, daß ich wäre wie er?
spricht der Heilige.
Erhebt eure Augen zur Höhe und schaut: Wer hat jene
geschaffen. Er, der ihr Heer herausführt nach der Zahl,
sie alle mit Namen ruft. Ihm, der groß ist an Kraft und
stark an Macht, bleibt nicht eines aus.
Warum denn sagst du, Jakob, und sprichst du, Israel:
„Mein Geschick ist dem Herrn verborgen, und mein Recht
entgeht meinem Gott?"
Weißt du es nicht oder hast du es nicht gehört: Ein ewiger
Gott ist der Herr, der die Enden der Erde geschaffen!

Er wird nicht müde noch matt, unerforschlich ist seine Einsicht.
Er gibt dem Müden Kraft und dem Ohnmächtigen mehrt er die Stärke.
Jünglinge werden müde und matt, Krieger straucheln und fallen:
Aber die auf den Herrn harren, empfangen immer neue Kraft, daß ihnen Schwingen wachsen wie Adlern, daß sie laufen und nicht ermatten, daß sie wandeln und nicht müde werden.

Klagelieder 3: 25

Der Herr ist gütig gegen den,
der auf ihn hofft, gegen die Seele, die ihn sucht.

Micha 6: 8

Es ist dir gesagt, o Mensch, was gut ist und was der Herr von dir fordert: nichts als Recht üben und die Güte lieben und demütig wandeln vor deinem Gott.

Nahum 1: 7

Der Herr ist gütig gegen die, die auf ihn hoffen, eine Zuflucht am Tage der Not; er kennt, die bei ihm sich bergen.

Matthäus 11: 28—30

Kommet her zu mir alle, die ihr mühselig und beladen seid, so will ich euch Ruhe geben.

Nehmet mein Joch auf euch und lernet von mir, denn ich bin sanftmütig und von Herzen demütig; so werdet ihr Ruhe finden für eure Seelen.

Denn mein Joch ist sanft und meine Last ist leicht.

Markus 4: 35—41

Und an jenem Tage sagte er zu ihnen, als es Abend geworden war: Lasset uns ans jenseitige Ufer fahren! Und sie verließen das Volk und nahmen ihn, wie er war, im Schiffe mit; und andre Schiffe waren bei ihm.

Und es erhob sich ein großer Windsturm, und die Wellen schlugen ins Schiff, so daß das Schiff sich schon füllte. Und er schlief im Hinterteil des Schiffes auf dem Kissen. Und sie weckten ihn und sagten zu ihm: Meister, kümmert es dich nicht, daß wir untergehen?

Und nachdem er erwacht war, bedrohte er den Wind und sprach zum See: Schweig, verstumme! Da legte sich der Wind, und es trat eine große Windstille ein.

Und er sprach zu ihnen: Warum seid ihr so furchtsam? Habt ihr noch keinen Glauben?

Und sie gerieten in große Furcht und sagten zueinander: Wer ist doch dieser, daß ihm sogar der Wind und der See gehorsam sind?

Und als der Sabbat vorüber war, kauften Maria aus Magdala und die Maria des Jakobus und Salome Balsam, um hinzugehen und ihn zu salben.

Und sehr früh am ersten Tag der Woche kamen sie zur Gruft, als die Sonne aufgegangen war.

Und sie sagten zueinander: Wer wird uns den Stein von der Türe der Gruft wegwälzen?

Und wie sie aufblickten, sahen sie, daß der Stein fortgewälzt war. Er war nämlich sehr groß.

Und sie gingen in die Gruft hinein und sahen einen Jüngling zur Rechten sitzen, bekleidet mit einem langen weißen Gewand; und sie erschraken.

Er aber sagte zu ihnen: Erschrecket nicht! Ihr sucht Jesus von Nazareth, den Gekreuzigten; er ist auferweckt worden, er ist nicht hier; siehe da den Ort, wo sie ihn hingelegt haben.

Aber gehet hin, saget seinen Jüngern und dem Petrus: Er geht euch voran nach Galiläa; dort werdet ihr ihn sehen, wie er euch gesagt hat.

Und sie gingen hinaus und flohen von der Gruft, denn Zittern und Entsetzen hatte sie ergriffen. Und sie sagten niemandem etwas, denn sie fürchteten sich.

Lukas 24: 1—35

Am ersten Tage der Woche aber kamen sie am frühen Morgen zur Gruft und brachten den Balsam, den sie bereitet hatten.

114

Da fanden sie den Stein von der Gruft weggewälzt.

Als sie aber hineingingen, fanden sie den Leib des Herrn Jesus nicht.

Und es begab sich, während sie darüber ratlos waren, siehe, da traten zwei Männer in blitzendem Gewand zu ihnen.

Als sie aber in Furcht gerieten und das Angesicht zur Erde neigten, sprachen sie zu ihnen: Was sucht ihr den Lebendigen bei den Toten?

Er ist nicht hier, sondern er ist auferweckt worden. Erinnert euch, wie er zu euch geredet hat, als er noch in Galiläa war.

Indem er sagte: Der Sohn des Menschen muß ausgeliefert werden in die Hände sündiger Menschen und gekreuzigt werden und am dritten Tage auferstehen!

Und sie erinnerten sich seiner Worte.

Und sie kehrten von der Gruft zurück und verkündeten dies alles den Elfen und allen übrigen.

Maria aus Magdala und Johanna und Maria des Jakobus und die übrigen mit ihnen sagten dies zu den Aposteln.

Und diese Worte kamen ihnen vor wie leeres Gerede, und sie glaubten ihnen nicht.

Und siehe, zwei von ihnen wanderten an ebendem Tage nach einem Dorf, das von Jerusalem sechzig Stadien entfernt ist, namens Emmaus.

Und sie redeten miteinander über alle diese Ereignisse.

Und es begab sich, während sie miteinander redeten und sich besprachen, da nahte sich Jesus selbst und ging mit ihnen.

Ihre Augen jedoch wurden gehalten, damit sie ihn nicht erkannten.

Er sprach aber zu ihnen: Was sind das für Reden, die ihr unterwegs miteinander wechselt? Und sie blieben traurigen Blickes stehen.

Einer aber mit Namen Kleopas antwortete und sprach zu ihm: Bist du der einzige, der in Jerusalem weilt und nicht erfahren hat, was daselbst in diesen Tagen geschehen ist? Und er sagte zu ihnen: Was? Sie antworteten ihm: Das mit Jesus von Nazareth, der ein Prophet war, mächtig in Tat und Wort vor Gott und allem Volke.

Und wie ihn unsere Hohepriester und unsere Oberen zum Todesurteil ausgeliefert und ihn gekreuzigt haben.

Wir aber hofften, er sei es, der Israel erlösen sollte. Aber bei dem allem ist es schon der dritte Tag, seit dies geschehen ist.

Aber auch einige Frauen aus unserer Mitte haben uns in Bestürzung versetzt. Nachdem sie früh am Morgen bei der Gruft gewesen waren.

Und seinen Leib nicht gefunden hatten, kamen sie und sagten, sie hätten gar eine Erscheinung von Engeln gesehen, die sagten, er lebe.

Und einige der unsrigen gingen hin zur Gruft und fanden es so, wie es die Frauen gesagt hatten; ihn selbst aber haben sie nicht gesehen.

Und er sprach zu ihnen: O ihr, die ihr unverständig und zu trägen Herzens sei, um zu glauben an alles, was die Propheten geredet haben!

Mußte nicht der Christus dies leiden und dann in seine Herrlichkeit eingehen?

Und er begann bei Moses und allen Propheten und legte ihnen in allen Schriften aus, was über ihn handelt.

Und sie näherten sich dem Dorf, wohin sie wanderten, und er stellte sich, als wollte er weitergehen.

Und sie nötigten ihn und sagten: Bleibe bei uns, denn es will Abend werden, und der Tag hat sich schon geneigt! Und er ging hinein, um bei ihnen zu bleiben.

Und es begab sich, als er bei ihnen zu Tische saß, nahm er das Brot, sprach das Dankgebet darüber, brach es und gab es ihnen.

Da wurden ihnen die Augen aufgetan, und sie erkannten ihn; und er entschwand ihren Blicken.

Und sie sagten zueinander: Brannte nicht unser Herz in uns, wie er auf dem Wege mit uns redete, wie er uns die Schriften erschloß?

Und sie standen in ebender Stunde auf und kehrten nach Jerusalem zurück und fanden die Elf und ihre Genossen versammelt.

Die sagten: Der Herr ist wirklich auferweckt worden und dem Simon erschienen.

Und sie selber erzählten, was auf dem Wege geschehen und wie er von ihnen beim Brechen des Brotes erkannt worden war.

Johannes 3: 12—16

Wenn ich von den irdischen Dingen zu euch geredet habe, und ihr glaubt nicht, wie werdet ihr glauben, wenn ich von den himmlischen Dingen zu euch rede?

Und niemand ist in den Himmel hinaufgestiegen außer

dem, der aus dem Himmel herabgestiegen ist, der Sohn
des Menschen, der im Himmel ist.

Und wie Moses in der Wüste die Schlange erhöhte, so
muß der Sohn des Menschen erhöht werden.

Damit jeder, der glaubt, in ihm ewiges Licht habe.

Denn so sehr hat Gott die Welt geliebt, daß er seinen
einzigen Sohn gab, damit jeder, der an ihn glaubt, nicht
verlorengehe, sondern ewiges Leben habe.

Johannes 4: 13, 14

Jesus antwortete und sprach zu ihr: Jeder, der von diesem
Wasser trinkt, wird wieder dürsten.

Wer aber von dem Wasser trinkt, das ich ihm geben
werde, wird in Ewigkeit nicht dürsten, sondern das Wasser, das ich ihm geben werde, wird in ihm zu einer Quelle
von Wasser werden, das sprudelt, um ewiges Leben zu
spenden.

Johannes 5: 24

Wahrlich, wahrlich ich sage euch: wer mein Wort hört und
dem glaubt, der mich gesandt hat, der hat ewiges Leben,
und in ein Gericht kommt er nicht, sondern er ist aus dem
Tod ins Leben hinübergegangen.

Johannes 6: 35

Jesus sprach zu ihnen: Ich bin das Brot des Lebens; wer zu mir kommt wird nicht hungern, und wer an mich glaubt, wird nimmermehr dürsten.

Johannes 10: 10

Der Dieb kommt nur, um zu stehlen und zu schlachten und zu verderben. Ich bin gekommen, damit sie Leben und reiche Fülle haben.

Johannes 11: 25, 26

Jesus sprach zu ihr: Ich bin die Auferstehung und das Leben. Wer an mich glaubt, wird leben, auch wenn er stirbt.
Und jeder, der lebt und an mich glaubt, wird in Ewigkeit nicht sterben. Glaubst du das?

Johannes 14: 1—6

Euer Herz erschrecke nicht! Glaubet an Gott und glaubet an mich!
In meines Vaters Hause sind viele Wohnungen. Wo nicht, würde ich euch dann gesagt haben, daß ich hingehe, um euch eine Stätte zu bereiten?

Und wenn ich hingegangen bin und euch eine Stätte be-
reitet habe, komme ich wieder und werde euch zu mir
nehmen, damit auch ihr seid, wo ich bin.
Und wohin ich gehe, dahin wißt ihr den Weg.
Thomas sagt zu ihm: Herr, wir wissen nicht, wohin du
gehst; wie können wir den Weg wissen?
Jesus sagt zu ihm: Ich bin der Weg und die Wahrheit und
das Leben; niemand kommt zum Vater außer durch mich.

Johannes 14: 15—27

Wenn ihr mich liebt, werdet ihr meine Gebote halten.
Und ich werde den Vater bitten, und er wird euch einen
andern Beistand geben, damit er in Ewigkeit bei euch sei.
Den Geist der Wahrheit, den die Welt nicht empfangen
kann, weil sie ihn nicht sieht und nicht erkennt. Ihr erkennt ihn, weil er bei euch bleibt und in euch sein wird.
Ich werde euch nicht verwaist zurücklassen; ich komme zu
euch.
Noch eine kurze Zeit, so sieht die Welt mich nicht mehr;
ihr aber seht mich, denn ich lebe und auch ihr werdet
leben.
An jenem Tage werdet ihr erkennen, daß ich in meinem
Vater bin und ihr in mir und ich in euch.
Wer meine Gebote hat und sie hält, der ist es, der mich
liebt. Wer aber mich liebt, wird von meinem Vater geliebt werden, und ich werde ihn lieben und mich ihm
offenbaren.
Judas — nicht der Ischariot — sagt zu ihm: Herr, was ist

denn geschehen, daß du dich uns offenbaren willst und nicht der Wellt?

Jesus antwortete und sprach zu ihm: Wenn jemand mich liebt, wird er mein Wort halten, und mein Vater wird ihn lieben, und wir werden zu ihm kommen und Wohnung bei ihm machen.

Wer mich nicht liebt, befolgt meine Worte nicht. Und das Wort, das ihr hört, ist nicht mein, sondern des Vaters, der mich gesandt hat.

Dies habe ich zu euch geredet, während ich noch bei euch bin.

Der Beistand aber, der heilige Geist, den der Vater in meinem Namen senden wird, der wird euch alles lehren und euch an alles erinnern, was ich euch gesagt habe.

Frieden lasse ich euch zurück, meinen Frieden gebe ich euch. Nicht wie die Welt gibt, gebe ich euch. Euer Herz lasse sich nicht beunruhigen und verzage nicht!

Römerbrief 8: 28—39

Wir wissen aber, daß denen, die Gott lieben, alle Dinge zum Guten mitwirken, denen, die nach seiner zuvor getroffenen Entscheidung berufen sind.

Denn die er zum voraus ersehen hat, die hat er auch vorherbestimmt, gleichgestaltet zu sein dem Bilde seines Sohnes, damit er der Erstgeborene sei unter vielen Brüdern.

Die er aber vorherbestimmt hat, die hat er auch berufen; und die er berufen hat, die hat er auch gerechtgesprochen;

die er aber gerechtgesprochen hat, denen hat er auch die himmlische Herrlichkeit geschenkt.

Was sollen wir nun dazu sagen? Ist Gott für uns, wer mag wider uns sein?

Er, der seines eigenen Sohnes nicht verschont, sondern ihn für uns alle dahingegeben hat, wie sollte er uns mit ihm nicht auch alles schenken?

Wer will die Auserwählten Gottes anklagen? Gott ist es ja, der sie gerechtspricht.

Wer ist es, der verdammen will? Christus Jesus ist es ja, der gestorben, ja noch mehr, der auferweckt worden ist, der zur Rechten Gottes ist, der auch für uns eintritt.

Wer will uns scheiden von der Liebe Christi? Trübsal oder Angst oder Verfolgung oder Hunger oder Blöße oder Gefahr oder Schwert?

Wie geschrieben steht:

> „Um deinetwillen werden wir getötet den ganzen Tag,
> sind wir geachtet worden wie Schlachtschafe."

Aber in diesem allem überwinden wir weit durch den, der uns geliebt hat.

Denn ich bin dessen gewiß, daß weder Tod noch Leben, weder Engel noch Gewalten, weder Gegenwärtiges noch Zukünftiges noch Kräfte,

Weder Hohes noch Tiefes, noch irgendein andres Geschöpf uns zu scheiden vermag von der Liebe Gottes, die in Christus Jesus ist, unserm Herrn.

1. Korintherbrief 2: 9

Sondern wie geschrieben steht:
„Was kein Auge gesehen und kein Ohr gehört hat und
keinem Menschen ins Herz emporgestiegen ist, was alles
Gott denen bereitet hat, die ihn lieben."

1. Korintherbrief 15: 51—58

Siehe, ich sage euch ein Geheimnis: Wir werden nicht alle
entschlafen, wir werden aber alle verwandelt werden.
Im Nu, in einem Augenblick, bei der letzten Posaune;
denn die Posaune wird erschallen, und die Toten werden
auferweckt werden unverweslich, und wir werden verwandelt werden.
Denn dieses Verwesliche muß anziehen Unverweslichkeit
und dieses Sterbliche muß anziehen Unsterblichkeit.
Wenn aber dieses Verwesliche angezogen hat Unverweslichkeit und dieses Sterbliche angezogen hat Unsterblichkeit, dann wird eintreffen das Wort, das geschrieben steht:
 „Der Tod ist verschlungen in Sieg.

 Tod, wo ist dein Sieg? Tod, wo ist dein Stachel?"
Der Stachel des Todes aber ist die Sünde, die Kraft der
Sünde aber ist das Gesetz.
Gott aber sei Dank, der uns den Sieg gibt durch unsern
Herrn Jesus Christus.
Darum, meine lieben Brüder, werdet fest, unerschütterlich,
allezeit reich im Werk des Herrn, weil ihr wißt, daß
eure Arbeit nicht vergeblich ist im Herrn.

2. Korintherbrief 5: 1

Denn wir wissen, daß wir, wenn unsre irdische Zeltwohnung abgebrochen sein wird, einen Bau haben, den Gott bereitet hat, ein nicht mit Händen gemachtes, ewiges Haus in den Himmeln.

Philipperbrief 3: 7—9, 13

Und der Friede Gottes, der allen Verstand überragt, wird eure Herzen und eure Gedanken bewahren in Christus Jesus.
Im übrigen, ihr Brüder, allem was wahr, was ehrbar, was gerecht, was rein, was liebenswert, was wohllautend ist, wenn es irgendeine Tugend und wenn es irgendein Lob gibt, dem denket nach!
Was ihr auch gelernt und überkommen und gehört und gesehen habt an mir, das tut! Dann wird der Gott des Friedens mit euch sein.
Alles vermag ich durch den, der mich stark macht.

Hebräerbrief 12: 1, 2

Darum also wollen auch wir, da wir eine so große Wolke von Zeugen um uns haben, jede hemmende Last und die uns so leicht umringende Sünde ablegen und mit Ausdauer laufen in dem Wettkampf, der vor uns liegt.
Indem wir hinblicken auf den Anfänger und Vollender des Glaubens, Jesus, der, um die vor ihm liegende Freude

zu erlangen, das Kreuz erduldete, die Schande gering-
achtete und sich dann zur Rechten des Thrones Gottes gesetzt hat.

1. Johannesbrief 5: 4, 5

Denn alles, was aus Gott gezeugt ist, überwindet die Welt;
und das ist der Sieg, der die Welt überwunden hat: unser
Glaube.
Wer ist es, der die Welt überwindet, wenn nicht der, welcher glaubt, daß Jesus der Sohn Gottes ist?

Offenbarung 7: 16, 17

*Sie werden nicht mehr hungern und werden nicht mehr
dürsten, und die Sonne wird sie nicht treffen noch irgendeine Glut.*
*Denn das Lamm, das mitten vor dem Throne steht, wird
sie weiden und sie zu Wasserquellen des ewigen Lebens
leiten; und Gott wird alle Tränen abwischen von ihren
Augen.*

Offenbarung 14: 13

*Und ich hörte eine Stimme aus dem Himmel sagen:
Schreibe: Selig sind die Toten, die im Herrn sterben, von
jetzt an. Ja, spricht der Geist, sie sollen ruhen von ihren
Mühsalen; denn ihre Werke folgen ihnen nach.*

Offenbarung 21: 3—7

Und ich hörte eine laute Stimme vom Throne her sagen:
Siehe da, das Zelt Gottes bei den Menschen; und „er
wird bei ihnen wohnen, und sie werden sein Volk sein,
und Gott selbst wird bei ihnen sein.
Und er wird alle Tränen abwischen von ihren Augen",
und der Tod wird nicht mehr sein, und kein Leid noch
Geschrei noch Schmerz wird mehr sein; denn das Erste
ist vergangen.
Und der auf dem Throne saß, sprach:
„Siehe, ich mache alles neu."
Und er sagte zu mir: Schreibe; denn diese Worte sind zu-
verlässig und wahr.
Und er sprach zu mir: Es ist geschehen. Ich bin das A und
das O, der Anfang und das Ende. Ich will dem Dürsten-
den aus dem Quell des Wassers des Lebens geben umsonst.
Wer überwindet, wird dies ererben:
„Und ich werde sein Gott sein, und er wird mein
Sohn sein."

Offenbarung 22: 4, 5

Und sie werden sein Angesicht schauen, und sein Name
wird auf ihren Stirnen sein.
Und es wird keine Nacht mehr geben, und sie bedürfen
nicht des Lichtes einer Lampe noch des Lichtes der Sonne;
denn Gott der Herr wird über ihnen leuchten, und sie
werden herrschen in alle Ewigkeit.

Trost bei Dichtern und Denkern

Einige der schönsten und trostreichsten Gedanken, die je über Liebe, Tod und Unsterblichkeit geschrieben wurden, sind in die wohlklingende Form der Poesie gekleidet. Große Wahrheiten finden ihren Weg in die menschliche Seele durch die Worte eines edlen Gedichts.

Viele der ausgewählten Gedichte haben immer wieder geholfen, verwundete Herzen zu trösten. Ihre größte Wirkung haben sie, wenn wir selbst oder ein uns nahestehender Mensch sie laut lesen und sich so die uns vertraute Stimme mit dem Sinn der Worte verbindet.

Es wurden auch einige Prosa-Stellen gewählt, die überzeugend von der Liebe und Fürsorge Gottes und der Gewißheit der Unsterblichkeit sprechen.

Wenn alle untreu werden

Wenn alle untreu werden,
So bleib ich dir doch treu,
Daß Dankbarkeit auf Erden
Nicht ausgestorben sei.
Für mich umfing dich Leiden,
Vergingst für mich in Schmerz;
Drum geb ich dir mit Freuden
Auf ewig dieses Herz.

Oft muß ich bitter weinen,
Daß du gestorben bist
Und mancher von den Deinen
Dich lebenslang vergißt.

Von Liebe nur durchdrungen
Hast du so viel getan,
Und doch bist du verklungen,
Und keiner denkt daran.

Du stehts voll treuer Liebe
Noch immer jedem bei;
Und wenn dir keiner bliebe,
So bleibst du dennoch treu;
Die treuste Liebe sieget,
Am Ende fühlt man sie,
Weint bitterlich und schmieget
sich kindlich in dein Knie.

Ich habe dich empfunden,
O lasse nicht von mir;
Laß innig mich verbunden
Auf ewig sein mit dir.
Einst schauen meine Brüder
Auch wieder himmelwärts
Und sinken liebend nieder
Und fallen dir ans Herz.

Novalis

Kommt, ihr traurigen Gemüter

Kommt, ihr traurigen Gemüter,
Kommt, wir wollen wiederkehrn
Zu dem Herren, dessen Güter
Kein Verderben kann verzehrn;

Dessen Macht kein Unglück fällt,
Dessen Gnade wieder stellt,
Was sein Eifer umgestürzet:
Seine Gnad bleibt unverkürzet.

Alle Not, die uns umfangen,
Springt vor seinem Arm entzwei;
Wenn zwei Tage sind vergangen,
Macht er uns vom Tode frei,
Daß wir, wenn des dritten Licht
Durch des Himmels Fenster bricht,
Fröhlich auf erneuter Erden
Vor ihm stehn und leben werden.

Paul Gerhardt

Es gibt bei schmerzlicher Trennung durch den Tod keinen
Trost, keinen als die verstärkte Überzeugung, daß wir
hier in Ultima sitzen und dereinst der Reihe nach zu einer
höheren Schule befördert werden.
Halten wir fest an dem Glauben, daß eine schönere, er-
habenere Lösung des Rätsels des Erdenlebens da sein und
uns zuteil werden wird. Daß neben dieser materiellen
Welt noch eine zweite, rein geistige Weltordnung mit
ebensoviel Mannigfaltigkeiten als die, in der wir leben,
existiert, dafür spricht vieles — ihrer sollen wir einst teilhaftig werden.
Es gibt Fragen, auf deren Beantwortung ich unendlich
höheren Wert legen würde als auf die mathematischen,

z.B. über Ethik, über unser Verhältnis zu Gott, über unsere Bestimmung und unsere Zukunft. Es gibt für die Seele eine Befriedigung höherer Art, dazu habe ich das Materielle gar nicht nötig.

Karl Friedrich Gauß

Sterben

Ob Sterben grausam ist, so bild ich mir doch ein,
Daß Lieblichers nicht ist, als nun gestorben sein.

Friedrich Logau

Der Tod ist traurig, er weint, weil er nicht verstanden wird.
Er meint es doch so gut.

Otto Buchinger

Der Tod

Der Tod ist unser Vater, von dem uns neu empfängt
Das Erdgrab, unsre Mutter, und uns in ihr vermengt;
Wenn nun der Tag erscheinet und die bestimmte Zeit,
Gebiert uns diese Mutter zur Welt der Ewigkeit.

Friedrich Logau

Und alles Getrennte findet sich wieder

Versöhnung ist mitten im Streit
Und alles Getrennte
Findet sich wieder.
Es scheiden und kehren
Im Herzen die Adern
Und einiges, ewiges, glühendes Leben
Ist alles.

Friedrich Hölderin

Sinnsprüche

Ich glaube keinen Tod: sterb ich gleich alle Stunden,
So hab ich jedesmal ein besser Leben funden.

*

Mensch, stirbst du nicht gern, so willst du nicht dein Leben:
Das Leben wird dir nicht als durch den Tod gegeben.

Angelus Silesius

Weiß nicht, woher ich bin gekommen

Weiß nicht, woher ich bin gekommen,
Weiß nicht, wohin ich werd genommen.
Doch weiß ich fest, daß ob mir ist
Eine Liebe, die mich nie vergißt.

Justinus Kerner

Selbst verfaßte Grabschrift Benjamin Franklins

Hier liegt der Leib B. Franklins, eines Buchdruckers, gleich dem Deckel eines alten Buches, aus welchem der Inhalt herausgenommen und das seiner Inschrift und Vergoldung beraubt ist — eine Speise für die Würmer: doch wird das Werk selbst nicht verloren sein, sondern, wie er glaubt, einst erscheinen in einer neuen, schöneren Ausgabe, durchgesehen und verbessert vom Verfasser!

Gebet

Mein Vater, der mich nährt und schützt,
Ich weiß so wenig, was mir nützt,
Daß ich fast nichts zu bitten wage.
Ich halte mich
Allein an dich,
Du Herr und Lenker meiner Tage.
Nur diese Wahrheit seh ich ein,
Gib mir die Kraft, stets gut zu sein,
So bin ich überall geborgen.
Das andre kommt,
So wie mirs frommt,
Dafür wirst du, mein Vater, sorgen.

Johann Gottfried Seume

Gib dich zufrieden

Gib dich zufrieden und sei stille
In dem Gotte deines Lebens;
In ihm ruht aller Freuden Fülle,
Ohn ihn mühst du dich vergebens;
Er ist dein Quell
Und deine Sonne,
Scheint täglich hell
Zu deiner Wonne.
Gib dich zufrieden!
Er ist voll Lichtes, Trosts und Gnaden,
Ungefärbten treuen Herzens;
Wo er steht, tut dir keinen Schaden
Auch die Pein des größten Schmerzens;
Kreuz, Angst und Not
Kann er bald wenden,
Ja auch den Tod
Hat er in Händen.
Gib dich zufrieden!
Sprich nicht: Ich sehe keine Mittel;
Wo ich such', ist nichts zum Besten;
Denn das ist Gottes Ehrentitel:
Helfen, wann die Not am größten.
Wenn ich und du
Ihn nicht mehr spüren,
Da schickt er zu,
Uns wohl zu führen.
Gib dich zufrieden!

Paul Gerhardt

Trost

Wenn alles eben käme,
Wie du gewollt es hast,
Und Gott dir gar nichts nähme
Und gäb dir keine Last,
Wie wärs da um dein Sterben,
Du Menschenkind bestellt?
Du müßtest fast verderben,
So lieb wär dir die Welt!

Nun fällt — eins nach dem andern —
Manch süßes Band dir ab,
Und heiter kannst du wandern
Gen Himmel durch das Grab.
Dein Zagen ist gebrochen,
Und deine Seele hofft; —
Dies ward schon oft gesprochen,
Doch spricht mans nie zu oft.

Friedrich de la Motte Fouqué

Wenn im Unendlichen dasselbe ...

Wenn im Unendlichen dasselbe
Sich wiederholend ewig fließt,
Das tausendfältige Gewölbe
Sich kräftig ineinander schließt,
Strömt Lebenslust aus allen Dingen,

Dem kleinsten wie dem größten Stern,
Und alles Drängen, alles Ringen
Ist ewige Ruh in Gott dem Herrn.

Johann Wolfgang Goethe

Drei Worte

Dem Menschen ist aller Wert beraubt,
Wenn er nicht mehr an die drei Worte glaubt:

Der Mensch ist frei geschaffen, ist frei,
Und würd er in Ketten geboren,
Laßt euch nicht irren des Pöbels Geschrei,
Nicht den Mißbrauch rasender Toren;
Vor dem Sklaven, wenn er die Ketten bricht,
Vor dem freien Menschen erzittert nicht.

Und die Tugend, sie ist kein leerer Schall,
Der Mensch kann sie üben im Leben,
Und soll er auch straucheln überall,
Er kann nach der göttlichen streben;
Und was kein Verstand der Verständigen sieht,
Das übet in Einfalt ein kindlich Gemüt.

Und ein Gott ist, ein heiliger Wille lebt,
Wie auch der menschliche wanke,
Hoch über der Zeit und dem Raume webt
Lebendig der höchste Gedanke;
Und ob alles in ewigem Wechsel kreist,
Es beharret im Wechsel ein ruhiger Geist.

Friedrich Schiller

Schämt euch, ihr Kleingläubigen, riechet lieber an der Blume, die ich euch offeriere, die heißt Wohlgemut. Fasset dermalen ein besseres Herz, verlasset euch auf Gott. Es ist derjenige Gott, der dem Samson die Stärke gegeben.

Abraham a Sancta Clara

In allen meinen Taten . . .

So sei nun, Seele, deine
Und traue dem alleine,
Der dich geschaffen hat.
Es gehe, wie es gehe,
Dein Vater in der Höhe
Weiß allen Sachen Rat.

Paul Fleming

Gebet

Herr! Schicke, was du willst,
ein Liebes oder Leides;
Ich bin vergnügt, daß beides
Aus deinen Händen quillt.
Wollest mit Freuden
Und wollest mit Leiden
Mich nicht überschütten!
Doch in der Mitten
Liegt holdes Bescheiden.

Eduard Mörike

Die Linien des Lebens sind verschieden

Die Linien des Lebens sind verschieden,
Wie Wege sind, und wie der Berge Grenzen.
Was hier wir sind, kann dort ein Gott ergänzen
Mit Harmonien und ewigem Lohn und Frieden.

Friedrich Hölderlin

Die Ehre Gottes aus der Natur

Die Himmel rühmen des Ewigen Ehre,
Ihr Schall pflanzt seinen Namen fort.
Ihn rühmt der Erdkreis, ihn preisen die Meere;
Vernimm, o Mensch, ihr göttlich Wort!

Wer trägt der Himmel unzählbare Sterne?
Wer führt die Sonn aus ihrem Zelt?
Sie kommt und leuchtet und lacht uns von ferne,
Und läuft den Weg, gleich als ein Held.

Vernimms und siehe die Wunder der Werke,
Die die Natur dir aufgestellt!
Verkündigt Weisheit und Ordnung und Stärke
Dir nicht den Herrn, den Herrn der Welt?

Kannst du der Wesen unzählbare Heere,
Den kleinsten Staub fühllos beschaun?
Durch wen ist alles? O gib ihm die Ehre!
Mir, ruft der Herr, sollst du vertraun.

Mein ist die Kraft, mein ist Himmel und Erde;
An meinen Werken kennst du mich.
Ich bins und werde sein, der ich sein werde,
Dein Gott und Vater ewiglich.

Ich bin dein Schöpfer, bin Weisheit und Güte,
Ein Gott der Ordnung und dein Heil;
Ich bins! Mich liebe von ganzem Gemüte,
Und nimm an meiner Gnade teil.

Christian Fürchtegott Gellert

Es geht aus dem Kampf der Natur, aus Hunger und Tod
unmittelbar die Lösung des höchsten Problems hervor,
das wir zu fassen vermögen, die Erzeugung immer höherer
und vollkommenere Tiere. Es ist wahrlich eine großartige
Ansicht, daß der Schöpfer den Keim allen Lebens, das
uns umgiebt, nur wenigen oder nur einer einzigen Form ein-
gehaucht hat und daß, während unser Planet dem strengen
Gesetze der Schwerkraft folgend sich im Kreise schwingt,
aus so einfachem Anfange sich eine endlose Reihe der
schönsten und wundervollsten Formen entwickelt hat und
noch immer entwickelt.
Die Frage, ob ein Schöpfer und Regierer des Weltalls
existiert, ist von den größten Geistern, welche je gelebt
haben, bejahend beantwortet.

Charles Darwin

Der Held

Ein still getrostes Herze
In Mangel, Not und Schmerze;
Zum Sterben und zum Leben
Auf ewig Gott ergeben;
Wo, wo ist solch ein Held
Zu finden auf der Welt?

*

Ohn Sterben kommt man nicht zum Leben
Und ohne Leiden nicht zum Tod:
Willst du dem Leiden widerstreben,
So machst du dir nur größre Not.

Gerhard Tersteegen

Vom Himmel kommt der Trost

Vom Himmel kommt der Trost. Kein Trost wird je dir werden,
Du hoffest, wie du willst, von der trostarmen Erden.
Mein Trost, mein einzger Trost, ist Gott, und der allein.
Wer Trost von diesem hat, der kann nicht elend sein.

Paul Fleming

Was tröstet uns? Ein unendliches Herz jenseits der Welt. Es gibt eine höhere Ordnung, es gibt eine Vorsehung in der Weltgeschichte, die nach anderen Regeln, als wir zugrundelegten, diese verwirrte Erde verknüpft als Tochterland mit einer höheren Stadt Gottes.

Jean Paul

Die Mutter am Grabe

Wenn man ihn auf immer hier begrübe,
Und es wäre nun um ihn geschehn;
Wenn er ewig in dem Grabe bliebe,
Und ich sollte ihn nicht wiedersehn,
Müßte ohne Hoffnung von dem Grabe gehn —
Unser Vater, o du Gott der Liebe!
Laß ihn wieder auferstehn.

Matthias Claudius

Der Vater

Er ist nicht auf immer hier begraben,
Es ist nicht um ihn geschehn!
Armes Heimchen, du darfst Hoffnung haben,
Wirst gewiß ihn wiedersehn,
Und kannst fröhlich von dem Grabe gehn.
Denn die Gabe aller Gaben
stirbt nicht und muß auferstehn.

Matthias Claudius

Auf den Tod meiner Schwester

Der Sämann säet den Samen,
Die Erd empfängt ihn, und über ein kleines
Keimet die Blume herauf ...
Du liebtest sie. Was auch dies Leben

142

Sonst für Gewinn hat, war klein dir geachtet,
Und sie entschlummerte dir!
Was weinest du neben dem Grabe,
Du hebst die Hände zur Wolke des Todes
und der Verwesung empor?
Wie Gras auf dem Felde sind Menschen
Dahin, wie Blätter! Nur wenige Tage
Gehn wir verkleidet einher!
Der Adler besuchet die Erde,
Doch säumt nicht, schüttelt vom Flügel den Staub
Und kehret zur Sonne zurück!

Matthias Claudius

Wir sind nicht umsonst in diese Welt gesetzt; wir sollen
hier reif für eine andere werden. Im tiefsten Bewußtsein
meiner großen Sünden bin ich doch voller Zuversicht, da
ich weiß, daß Gott die ewige Liebe und Gnade ist und
daß mein Erlöser lebt, der seine Gläubigen der Gnade des
Ewigen und Gerechten teilhaftig macht.

Carl Ritter

An die umstehenden Freunde

Ihr liebsten, die ihr mich, das Wohnhaus grimmer Not,
Den abgezehrten Leib und die verdorrten Hände,
Dies sterbende Gesicht und mein betrübtes Ende
Mit nassen Augen schaut: traurt nicht um meinen Tod!

Da, als der Welt Ade der werte Bruder bot,
Nach dem ich jeden Tag viel tausend Seufzer sende,
Mit dem die Schwester schied, als meiner Liebsten Wände
In Flammen gingen ein und wurden Graus und Kot.

Da fiel mein Leben hin. Mein Fleisch, der Eltern Gabe,
Liegt nunmehr schon und fault in nicht nur einem Grabe.
Dies, was ihr vor euch seht, ist ein Gespenst und Dunst.

Das Fieber kommt zu spät. Der Tod wird hier nichts finden.
Was acht ich seinen Pfeil; ich muß ohn dies verschwinden,
Jetzt, nun mein Tag anbricht. Habt Dank für eure Gunst.

Andreas Gryphius

Wenn der Sturm das Meer umschlingt

In uns selbst sind wir verloren,
Bange Fesseln uns beengen,
Schloß und Riegel muß zersprengen,
Nur im Tode wird geboren.

An Ufers Ferne wallt ein Licht,
Du möchest jenseits landen;
Doch fasse Mut, verzage nicht,
Du mußt erst diesseits stranden.
Schau still hinab, in Todes Schoß
Blüht jedes Ziel, fällt dir ein Los.

So breche dann, du tote Wand,
Hinab mit allen Binden,
Ein Zweig erblühe meiner Hand,

Den Frieden zu verkünden.
Ich will kein einzelner mehr sein,
Ich bin der Welt, die Welt ist mein.

Das Licht hat mich durchdrungen
Und reißet mich hervor;
Mit tausend Flammenzungen
Glüh ich zur Glut empor!

So kann ich nimmer sterben,
Kann nimmer mir entgehn;
Denn um mich zu verderben,
Müßt Gott selbst untergehn.

Clemens Brentano

Gebet

O Gott, den man verkennt, o Gott, den alles kündet,
O höre du das letzte Wort, das aus mir mündet.
Ich suchte doch den Weg zu dir, wenn ich verirrte,
Erfüllt von dir war doch das Herz, das sich verwirrte.
Ich sehe ohne Ängste schon den ewigen Schimmer,
Ich glaube nicht, daß Gott, der mich der Erde schenkte,
Daß Gott, der meinen Tag mit seiner Güte tränkte,
Mich, wenn ich ausgelöscht bin, quälen will für immer.

Voltaire

Öffne deine Augen — weiter nichts — und du siehst.
Du magst wollen oder nicht, zweifeln oder nicht — du
siehst: es ist! Sollte es mit der Offenbarung Gottes in
unserem Innern anders sein?

Ich öffne meine Augen und sehe, was da ist. Auch mein inneres Auge öffnet sich, und wenn die Erkenntnis ihre höchste Helle erreicht hat, so ist es gleichfalls Anschauen dessen, was da ist. Auch hier hört alles Zweifeln auf. Ich sehe: es ist!

Franz von Baadei

Am vierten Sonntage nach Ostern

Und ob auch Öde mich umgibt,
Und ob mich würgt der Nebel fast,
Ob Mehltau mir die Augen trübt,
Doch weiß ich, daß mein Herz dich faßt,
Daß es dich liebt,
Und daß du mich gesendet hast.
Den Lebenshauch hab ich von dir,
Unsterblich hast du mich gemacht;
Nicht Glut, nicht Dürre schadet mir.
Ich weiß, ich bin in deiner Wacht,
Und muß ich hier
Auch stehn wie ein Prophet der Nacht.
Ich hebe meine Stimme laut,
Ein Wüstenherold für die Not:
Wacht auf, ihr Träumer, aufgeschaut!
Am Himmel steigt das Morgenrot.
Nur aufgeschaut!
Nur nicht zurück, dort steht der Tod!
Nur aufgeschaut, nur nicht zurück!

Laßt Menschenweisheit hinter euch!
Sie ist der Tod; ihr schnödes Glück
Ist übertünchtem Grabe gleich.
O hebt den Blick!
Der Himmel ist so mild und reich.

Annette v. Droste-Hülshoff

Stille der Nacht

Willkommen, klare Sommernacht,
Die auf betauten Fluren liegt!
Gegrüßt mir, goldne Sternenpracht,
Die spielend sich im Weltraum wiegt!

Das Urgebirge um mich her
Ist schweigend, wie mein Nachtgebet;
Weit hinter ihm hör ich das Meer
Im Geist und wie die Brandung geht.

Ich höre einen Flötenton,
Den mir die Luft von Westen bringt,
Indes herauf im Osten schon
Des Tages leise Ahnung dringt.

Ich sinne, wo in weiter Welt
Jetzt sterben mag ein Menschenkind —
Und ob vielleicht den Einzug hält
Das viel ersehnte Heldenkind.

Doch wie im dunklen Erdental
Ein unergründlich Schweigen ruht,

Ich fühle mich so leicht zumal
Und wie die Welt so still und gut.

Der letzte leise Schmerz und Spott
Verschwindet aus des Herzens Grund;
Es ist als tät der alte Gott
Mir endlich seinen Namen kund.

Gottfried Keller

Ohne Liebe, ohne Menschlichkeit im Herzen und ohne
Dankbarkeit gegen den, dessen Gebot Liebe und Erbarmen
und dessen große Eigenschaft Wohlwollen ist gegen alles,
was atmet, kann man wahres Glück nicht erlangen.

Charles Dickens

Gebet

Herr! Ich steh in deinem Frieden,
Ob ich lebe, ob ich sterbe;
Starb mein Heiland doch hienieden,
Daß ich sein Verdienst erwerbe.

Will der Schmetterling zum Lichte,
Muß die Larve er zerbrechen.
So hast du dies Haus vernichtet,
Meine Freiheit auszusprechen ...

Solchen Tod laß mich gewinnen!
Herr, nach einem solchen Leben,

Laß mich mit so klaren Sinnen
Dir die Seele wiedergeben!

Denn in deinen Händen liegen
Alle demutvollen Herzen,
Wie die Kindlein in den Wiegen,
Still entschlummert, ohne Schmerzen!

Clemens Brentano

Liebet die ganze Schöpfung Gottes, die ganze Welt und
jedes Sandkörnchen auf Erden! Jedes Blättchen, jeden
Lichtstrahl Gottes habet lieb! Liebet die Tiere, liebet die
Pflanzen, liebet jedes Ding! Wirst du aber jedes Ding lieben, dann wirst du auch Gottes Geheimnis in den Dingen
erfassen.

Fedor Dostojewskij

In Harmesnächten

Die Rechte streck ich schmerzlich oft
In Harmesnächten
Und fühlt gedrückt sie unverhofft
Von einer Rechten.

Was Gott ist, wird in Ewigkeit
Kein Mensch ergründen,
Doch will er treu sich allezeit
Mit uns verbünden.

Conrad Ferdinand Meyer

Trostgesang

Noch dennoch mußt du drum nicht ganz
In Traurigkeit versinken;
Gott wird des süßen Trostes Glanz
Schon wieder lassen blinken.
Steh in Geduld, wart in der Still
Und laß Gott machen, wie er will,
Er kanns nicht böse machen.
Auf Gottes Liebe mußt du stehn
Und dich nicht lassen fällen;
Wann auch der Himmel ein wollt gehn
Und alle Welt zerschellen;
Gott hat uns Gnade zugesagt,
Sein Wort ist klar; wer sich drauf wagt,
Dem kann es nimmer fehlen.

Paul Gerhardt

Steh feste

Laß dich nur nichts dauren
Mit Trauren;
Sei stille;
Wie Gott es fügt,
So sei vergnügt
Mein Wille.
Was willst du heute sorgen
Auf morgen?
Der Eine

Steht allem für;
Der gibt auch dir
Das Deine.
Sei nur in allem Handel
Ohn Wandel,
Steh feste;
Was Gott beschleußt,
Das ist und heißt
Das Beste.

Paul Fleming

O sei auf Gottes heller Welt . . .

O sei auf Gotes heller Welt kein trüber Gast!
Mach Schande nicht dem milden Herren, den du hast.
Zeig in Gebärd und Wort und Blick, daß dem du dienst,
Der sagt: Mein Joch ist sanft und leicht ist meine Last.
Du mußt dein dunkles Selbst zum hellen Selbst erweitern;
Nur die Verschlossenheit ist in Gefahr zu scheitern.
In hellen Mienen macht sich kund die Kraft des Herrn,
Und wer nicht in der Nacht kann leuchten, ist kein Stern.

Friedrich Rückert

In der Frühe

Kein Schlaf noch kühlt das Auge mir,
Dort gehet schon der Tag herfür
An meinem Kammerfenster.
Es wühlet mein verstörter Sinn

Noch zwischen Zweifeln her und hin
Und schaffet Nachtgespenster.
— Ängste, quäle
Dich nicht länger, meine Seele!
Freu dich! Schon sind da und dorten
Morgenglocken wach geworden.

Eduard Mörike

Die Betrachtung der Natur führt uns zu derselben Lehre, die mit kindlichen Worten die Schrift ausdrückt. Sie läßt uns glauben, daß wir mit dem Tod nicht aufhören. Sie gibt uns aber auch die Zuversicht, daß, nachdem der Körper sich auflöst, wir erst wahrhaft Bürger des gesamten Weltalls werden.

Carl Ernst von Baer

Hoffnung

Es reden und träumen die Menschen viel
Von bessern künftigen Tagen,
Nach einem glücklichen goldenen Ziel
Sieht man sie rennen und jagen;
Die Welt wird alt und wird wieder jung,
Doch der Mensch hofft immer Verbesserung.

Die Hoffnung führt ihn ins Leben ein,
Sie umflattert den fröhlichen Knaben,
Den Jüngling lockert ihr Zauberschein,
Sie wird mit dem Greis nicht begraben;

Denn beschließt er im Grabe den müden Lauf,
Noch am Grabe pflanzt er — die Hoffnung auf.

Es ist kein leerer schmeichelnder Wahn,
Erzeugt im Gehirne des Toren,
Im Herzen kündet es laut sich an:
Zu was Besserm sind wir geboren.
Und was die innere Stimme spricht,
Das täuscht die hoffende Seele nicht.

Friedrich Schiller

Die Hoffnung halte fest . . .

Die Hoffnung halte fest: Gott wird dich nicht verlassen;
Das Ärgste, das dir droht, er wird es dir erlassen.

Und traf das Ärgste dich, so bleib in Zuversicht:
Die Hoffnung schlug dir fehl, doch Gott verließ dich nicht.

Ja, daß dich Gott nicht hat verlassen, mußt du sagen,
Da er die Kraft dir gibt, das Ärgste zu ertragen.

Friedrich Rückert

Stirbt der Mensch nicht unausgesetzt jahrelang vor seinem
Tode, ja seit seiner Geburt — und lebt er nicht noch nach
dem Aufhören des Atmens, wer weiß wie lange? Dies
gilt sogar von dem allmählichen Übergange des bloßen
Stoffes. Was in uns denkt, fühlt, liebt, haßt, Gott anbetet,
ins Jenseits übergreift, ist sogar ein ganz und gar Unwan-

delbares und kann nur mehr und minder von Einflüssen gehemmt oder gefördert werden. Es ist! Wir können sein Nichtsein nicht denken und heißen es in höchster Fülle Gott. Wie dasselbe ohne menschlichen Körper ist, können wir nicht fassen, wie der, welcher von der Seite eines Berges sieht, nie, solange er sich dort befindet, sehen kann, was hinter dem Rücken des Berges ist; aber was auch sein möge hinter jener Grenze, die unser Auge schließt: es ist das Beste, Herrlichste und Weiseste, dessen dürfen wir gewiß sein, das lehrt das Stück Leben, welches wir Diesseits nennen, hinreichend. Unsere Vernunft kann es nicht anders vorstellen, und Gott wäre nicht Gott, wenn es anders wäre.

Adalbert Stifter

Magisches Denken

Das Hexenbuch
11806

Alan Bleakley
Früchte des Mondbaumes
11785

Harold A. Hansen
Der Hexengarten
11784

Schenk / Kalweit
Heilung des Wissens
11805

Joan Halifax
Die andere Wirklichkeit
der Schamanen   11756

Sergius Goldwin
Die weisen Frauen
14004

GOLDMANN

Spirituelles Erwachen

BÜCHER FÜR DEN WEG

Alexander Buschenreiter

Unser Ende ist Euer Untergang

Die Botschaft der Hopi und anderer US-Indianer an die Welt

Goldmann

12009

Michael von Brück (Hrsg.)

Dialog der Religionen

Bewußtseinswandel der Menschheit

Goldmann

12010

Vine Deloria

Nur Stämme werden überleben

Indianische Vorschläge für eine Radikalkur des wildgewordenen Westens

Goldmann

12012

Yann Daniel

Die Heiligen vom Ende der Welt

Bretonische Mythen

Goldmann

12013

GOLDMANN

Religion und Spiritualität

David Steindl-Rast
Fülle und Nichts
12001

Hubertus Mynarek
Ökologische Religion
12005

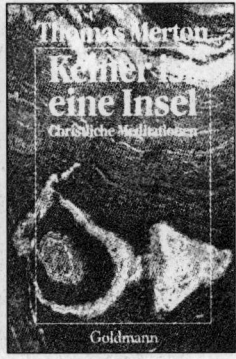

Thomas Merton
Keiner ist eine Insel
12016

Michael von Brück (Hrsg.)
Dialog der Religionen
12010

Yann Daniel
Die Heiligen vom Ende
der Welt   12013

Vine Deloria
Gott ist rot
12014

Goldmann
Taschenbücher

Allgemeine Reihe
Unterhaltung und Literatur
Blitz · Jubelbände · Cartoon
Bücher zu Film und Fernsehen
Großschriftreihe
Ausgewählte Texte
Meisterwerke der Weltliteratur
Klassiker mit Erläuterungen
Werkausgaben
Goldmann Classics (in englischer Sprache)
Rote Krimi
Meisterwerke der Kriminalliteratur
Fantasy · Science Fiction
Ratgeber
Psychologie · Gesundheit · Ernährung · Astrologie
Farbige Ratgeber
Sachbuch
Politik und Gesellschaft
Esoterik · Kulturkritik · New Age

Goldmann Verlag · Neumarkter Str. 18 · 8000 München 80

Bitte
senden Sie
mir das neue
Gesamtverzeichnis.

Name: _____

Straße: _____

PLZ/Ort: _____